Heinz H. Menge

Mein lieber Kokoschinski!
Der Ruhrdialekt

Aus der farbigsten Sprachlandschaft Deutschlands

Henselowsky Boschmann

Dr. Dr. h. c. Heinz H. Menge liebt es, auf seinem Bärenticket kreuz und quer durchs Ruhrgebiet zu fahren. Das mag etwas verrückt erscheinen, aber wer sich mit gesprochener Sprache beschäftigt, muss sich unter die Leute begeben. Menge tut das seit über vierzig Jahren. Heinz H. Menge war der Erste, der auf die plattdeutsche Basis der Umgangssprache des Ruhrgebiets hinwies. Jetzt möchte er auf die Farbigkeit dieser Sprachlandschaft aufmerksam machen, die für viele Deutsche, so seine These, immer noch einen weißen Fleck auf der Landkarte darstellt.

Autor und Verlag bedanken sich bei den Professoren Stephan Elspaß (Salzburg) und Robert Möller (Lüttich), den Initiatoren des faszinierenden Atlas zur deutschen Alltagssprache (AdA), sowie bei Christoph Stöpel, dem Betreiber der ebenso faszinierenden Internet-Seite »Geogen Onlinedienst«, für die Erlaubnis, Karten aus ihren Werken zu verwenden.

Bücher vonne Ruhr
Schützenstraße 31, 46236 Bottrop
E-Mail: post@vonneruhr.de
www.vonneruhr.de
2., durchges. Auflage 2014
ISBN 978-3-942094-36-8
Umschlagillustrationen: Michael Hüter
Herstellung: Westermann Druck Zwickau GmbH

Vorwort

Wenn Ihnen, liebe Leserin, lieber Leser, bei der Lektüre dieses Buches ein gelegentliches »Alle Achtung!« oder »Mein lieber Scholli!« oder auch »Mein lieber Kokoschinski!« durch den Kopf geht, hätte es seinen Zweck erfüllt. Denn es will zeigen, wie interessant das Ruhrgebiet auch in sprachlicher Hinsicht ist. Das bezieht sich einmal auf die Umgangssprache der Region, deren verborgene Qualitäten offengelegt werden (»bestes Deutsch«), aber auch auf Bereiche, die nicht so sehr im Fokus des Interesses stehen: Familiennamen, Zechennamen und Straßennamen zum Beispiel, die unter sprachlichen Aspekten ebenfalls sehr reizvoll sind. Und wenn Sie dann dem Reiz der Sprachlandschaft erlegen sein sollten und Sie sie selbst mit erforschen wollen, enthält das Buch auch einen Serviceteil, der zeigt, wie das am besten geht.

Eine Bemerkung zu den Internetquellen, die in großer Zahl genutzt worden sind. Ich finde Angaben wie »zuletzt abgerufen am« oder »zuletzt gesehen am« in wissenschaftlichen Publikationen ganz wichtig, in diesem Buch aber unnötig. Hier genüge der pauschale Hinweis, dass alle Quellen im April 2013 noch einmal gecheckt worden sind.

Noch ein Hinweis: Steht ein Buchstabe in spitzen Klammern, so geht es um die Schreibung; eckige Klammern deuten an, dass die Aussprache gemeint ist.

Ich habe vielen zu danken, möchte aber nur einen herausgreifen, den alten Freund und Kollegen Sigurd Wichter, ohne den der Ruhestand längst nicht so heiter wäre. Er hat mehrere ganz wichtige Hinweise gegeben.

Bochum, Friemannhof Heinz H. Menge

Mein lieber Kokoschinski!

Der Ruhrdialekt

Aus der farbigsten Sprachlandschaft Deutschlands

Mein Ruhrgebiet 6

Namen im Ruhrgebiet: Überraschungen garantiert

1 *Booochum!* 15
Warum wird das O lang ausgesprochen?

2 Otto Rehhagels *TuS Helene.* 18
Die Zechennamen im Ruhrgebiet leben weiter

3 *Rettkowski* gegen *Retkowski.* 23
Warum einmal ein T, einmal zwei?

4 *Maciejewski* wird zu *Matthöfer.* 27
Namensänderungen

5 *Espey* – Ein Hugenotte in Herten? 34

6 Neue Namen für die Städte des Ruhrgebiets! 38

Kleine Wörter – große Leistung

7 *ne, wol* oder: Warum hieß Wolle *Wolle*? 47

8 *halt, eben* und Konsorten. 51
Oder: Es gibt keine Füllwörter!

9 *zu!* – Auch die Jugendsprache unterliegt Regeln 56

Einflüsse: Plattdeutsch, Jiddisch und ein bisschen Polnisch

10 Von *Klockerigge* und *Neggenborn.* 61
Früher sprach man im Ruhrgebiet Plattdeutsch

11 *Maloche* und andere Wörter aus dem Jiddischen 68

12 Wie? *Mottek is Hammer*? 73
Ich dachte *Zitronentee mit Bacardi*

Farbiges aus der Sprachlandschaft

13 *Da kommt Leon! – Da kommt der Leon!* 78
Was ist richtig?

14 *Dat is ja 'n Dingen!* 84
Von Kontraktion und Klitisierung

15 Das beste Deutsch: Etwa im Ruhrgebiet? – Ja, echt! 89

16 Wie beliebt ist Ruhrdeutsch? 94
Oder: Wie seriös sind Umfragen zu den Dialekten?

17 *Pukziinii* – Automatendeutsch tut weh! 102

Serviceteil: Für künftige Sprachforscher

18 *Dat isset!* – Wie schreibt man Ruhrdeutsch? 107

19 Wörterbücher/Wortsammlungen zum Ruhrdialekt 111

20 Von Hildegard Himmelreich zu Kerstin Kucharczik 117
Oder: Wie »sammelt« man gesprochene Sprache?

Brauchen wir einen »Sprachverein Ruhrgebiet« (SVR)? 125

Abbildungsnachweise 127

Mein Ruhrgebiet

»Was ist das Ruhrgebiet?«

»Was das Ruhrgebiet ist? Blöde Frage. Weiß doch jeder.« – »Dann sach ma!« – »Ruhrgebiet is ...« So wird es vielen ergehen, wenn sie gefragt werden, was denn eigentlich das Ruhrgebiet sei: Sie werden ratlos. Je näher man hinsieht, desto mehr entzieht sich das Ruhrgebiet. Man fühlt sich an den Scheinriesen Tur Tur in Michael Endes »Jim Knopf und Lukas der Lokomotivführer« erinnert. Eine diffuse Größe, von der jeder eine eigene Vorstellung hat, eignet sich hervorragend als Projektionsfläche, vor allem für Politiker, die immer wieder aufs Neue mehr Einfluss für das Ruhrgebiet fordern. Diese Forderungen sind wohlfeil, das heißt, sie tun keinem weh, vor allem denen nicht, die sie erheben.

Weh täte, wenn sich jemand z. B. dafür einsetzen würde, dass der Sitz des WDR ins Ruhrgebiet verlegt wird, vielleicht nach Marl, da gibt es ja schon das Grimme-Institut. Eine verrückte Idee? Klar. Aber überlegen Sie doch mal, was für tolle Grundstücke in Köln frei würden ... Und im Ernst: In Bonn haben sechs Bundesministerien ihren ersten Dienstsitz; in Düsseldorf sitzt die Landesregierung; in Köln, Düsseldorf, Arnsberg, Münster und Detmold gibt es jeweils den Sitz eines Regierungsbezirks, in Köln und Münster den Sitz eines der beiden einflussreichen Landschaftsverbände. Ist das Ruhrgebiet dabei vertreten? Sehen Sie.[1] Man muss etwas fordern, wenn man ernst genommen werden will. Fangen wir doch mit dem Sitz des WDR einfach mal an. Herr Lammert, übernehmen Sie![2]

Wenn Politiker von Ruhrgebiet sprechen, meinen sie in der Regel das Gebiet des »Regionalverbands Ruhr« (RVR), eines ganz lockeren Zusammenschlusses von elf Großstädten und vier Landkreisen. (Vergleiche dazu auch Kapitel 6.) Der RVR hat sogar ein »Ruhrparlament«, das ist der heute lancierte Ausdruck für die sog. »Verbandsversammlung«, in der 56 von Städten und Kreisen entsandte Vertreter sowie die 11 Oberbürgermeister der kreisfreien Städte und die vier Landräte stimmberechtigt sind.[3] Und siehe da: Auch Bundestagspräsident Lammert ist Mitglied![4] Da könnte er doch was tun!

Es gibt natürlich auch noch andere Grenzziehungen:

Als die Franzosen 1923 das Ruhrgebiet besetzten, wählten sie als Grenzen den Rhein (bis Düsseldorf!) und die Lippe, die östliche Grenze bildete Dortmund.[5] Und als die BILD-Zeitung vor einiger Zeit »BILD Ruhrgebiet« ins Leben rief, definierte sie als Reichweite ein Gebiet, das bis an die niederländische Grenze reicht.[6] Das geht denn doch etwas zu weit!

Etwas zu eng (jedenfalls, was das Ruhrgebiet angeht) sind die Grenzen des 1958 gegründeten Bistums Essen, des sog. »Ruhrbistums«, als dass es als »Ruhrgebiets-Bistum« gelten könnte. Dortmund, Hagen, Hamm, Herne und drei Landkreise gehören nicht dazu, dafür gibt es ein Kreisdekanat Altena-Lüdenscheid.[7] Sieht man sich die Karte des Bistums an[8], hat man den Eindruck, dass das halbe Sauerland hinzugenommen wurde.

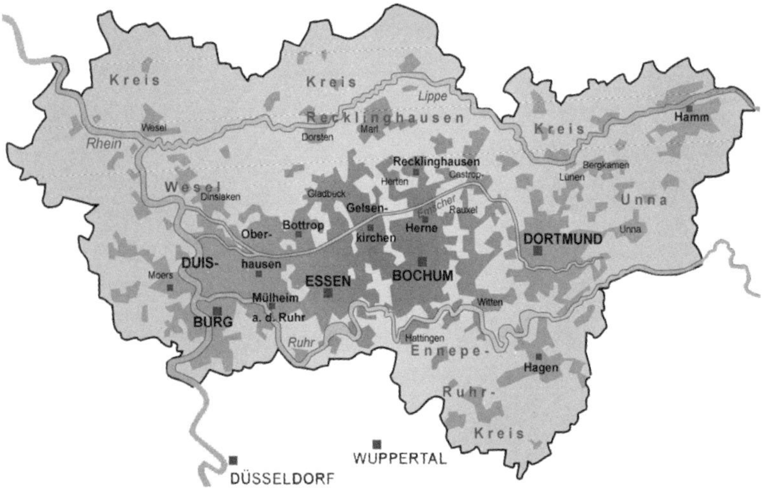

oben: Ruhrgebiet politisch: »Regionalverband Ruhr«
unten: Ruhrgebiet historisch: Ruhrbesetzung 1923-25

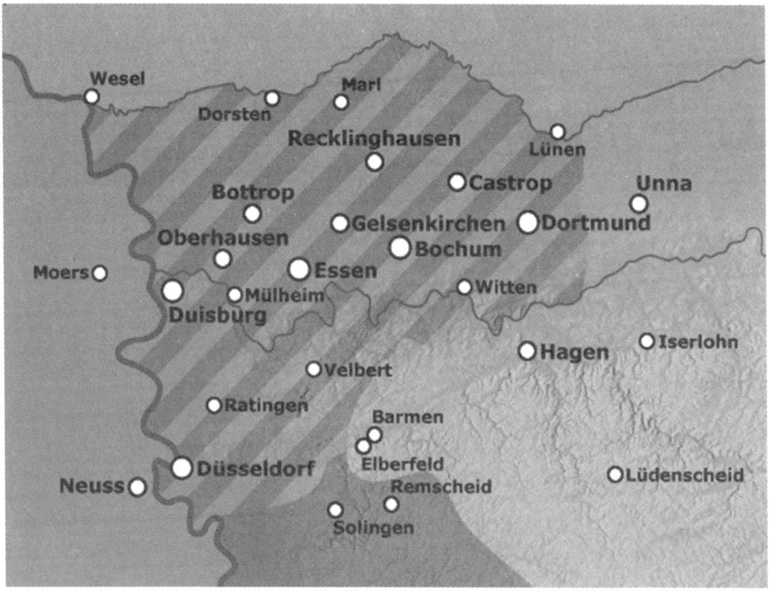

oben: Ruhrgebiet verlegerisch: BILD Ruhrgebiet
unten: Ruhrgebiet katholisch: »Ruhrbistum Essen«

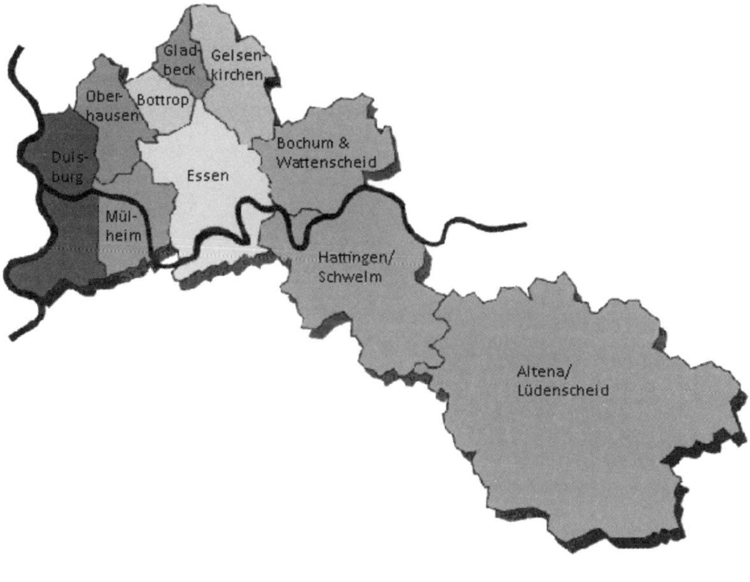

Mein Bild vom Ruhrgebiet

Mein Bild von Ruhrgebiet ist, was den Raum betrifft, auch diffus. Es will mir z. B. nicht gelingen, Wesel als Ruhrgebietsstadt zu sehen. Zu »Metropole Ruhr«, das der RVR permanent propagiert, fällt mir überhaupt nichts ein. Eine Metropole hat ein Zentrum und eine Peripherie. Wo ist das Zentrum? Ist das ganze RVR-Gebiet Zentrum? Oder ist die ganze Region Peripherie? Ein Buch hatte mal den Titel »Das Revier der großen Dörfer«.[9] Das bezog sich zwar auf die Zeit vor hundert Jahren, aber diese Dörfer sollen sich jetzt zu einer Metropole entwickelt haben? Vielleicht machen wir uns alle etwas vor.

Wenn ich an Ruhrgebiet denke, fallen mir vor allem Menschen ein, mit denen ich gemeinsame Geschichten erlebt habe, Menschen, die mich geprägt haben. Es waren tatsächlich diese offenen, ehrlichen Menschen, die einem was platt vor den Kopp mitgeben konnten, gerne auch ohne, meist aber mit einem lakonischen Humor, der seinesgleichen sucht. Auch Norbert Lammert hat sich in Berlin etwas von diesem Humor bewahrt.

Und ich denke an die Örtlichkeiten, an denen ich diese Menschen getroffen habe. In den letzten Jahren war es die Theke des »Bahnhof Langendreer«, früher die von »Heinrich« in meinem Geburtsort Herten. Die Kneipe von Heinrich Dechering zog junge Leute magisch an, und so verwundert es nicht, dass dort auch Rudi Assauer gesehen wurde, der ja aus Herten stammt und seine Karriere bei der SpVgg Herten begann; aber auch viele junge Kumpels waren dort, die die Gymnasiasten oft veräppelten, ihnen vor allem aber zu verstehen gaben, dass sie sie auf keinen Fall als »etwas Besseres« ansahen.

Ich denke an eine Lektion, die mir sehr zu denken gegeben hat. Unter den Kumpeln war auch ein Bayer, der mit mir einmal eine Wette eingegangen ist. Die Frage war, in welchem Bundesland Ulm und Neu-Ulm lägen. Ich habe die Wette verloren, es ging aber wohl nur um ein, zwei Bier. Etwas später kam ein Bekannter von mir hinzu, auch ein Gymnasiast, und mit dem wettete ich dann, wozu Neu-Ulm und Ulm denn gehörten. Ich gewann die Wette und freute mich, dass ich meinen Einsatz wieder raus hatte. Da sagte plötzlich der Bayer: »Wie kannst du mit deinem Kumpel wetten!« Das saß, obwohl es sich bei dem Wettpartner eher um einen flüchtigen Bekannten handelte. Aber in den Augen der jungen Bergarbeiter mussten Menschen, die in derselben Situation steckten, zusammenhalten.

Was mir ebenfalls sehr gutgetan hat, waren die Erfahrungen als Schüler oder Werkstudent auf dem Bau, in der Chemischen Reinigung Mollerus, auf dem Finanzamt oder in der Zentralbibliothek Zürich. In der Chemischen Reinigung hatte ich einen Traumjob. Ich musste nachts anhand von Listen prüfen, ob die gereinigten Teile auch alle an der richtigen Stelle gelandet waren, also bei den Ständern der Filialen, an die sie am nächsten Tag geliefert werden sollten. Die Schicht dauerte von zehn Uhr abends bis sechs Uhr morgens. Meist waren wir aber schon viel früher fertig. Ich las oder schlief und wartete das Schichtende ab. Bis ich merkte, dass die beiden Kollegen längst verschwunden waren, obwohl ihre Stechkarten noch bei den Anwesenden steckten, wie meine ja auch.

Ich will es kurz machen. Der Nachtwächter stempelte die Karten der beiden gegen halb sechs. Und als ich ihn darauf ansprach, machte er es mit meiner Karte genauso. Ich bin mir nicht sicher, ob der Betriebsleiter nicht davon wusste. Wenn ja, dann wären Solidarität und Großzügigkeit hier eine wunderbare Verbindung eingegangen.

Zur Sprache des Ruhrgebiets

Wegen meiner Sprache habe ich mich oft geschämt. Und nicht nur ich. Erst viel später habe ich gemerkt, dass dazu überhaupt kein Anlass bestand. Die Sprache wurde diskriminiert, weil sie die Sprache von Bewohnern eines Industriegebiets war. Um deren geringe Bildung zu demonstrieren, wurde als Beispiel immer wieder die Kasusvertauschung genannt. (»Gib mich die Kirsche!«, soll Lothar Emmerich gesagt haben.) Und das sollte heißen, wer »mir« und »mich« verwechselt, ist dumm. Dabei lässt sich die Verwechslung einfach erklären: Im Plattdeutschen, dem Vorgänger des Ruhrdeutschen, gibt es nur eine Form für Dativ und Akkusativ (»mi«).

In diesem Buch soll nicht nur gezeigt werden, dass die alten Vorurteile nicht stimmen, das hat sich mittlerweile hoffentlich herumgesprochen, sondern dass die Sprache des Ruhrgebiets, dass die gesamte Sprachlandschaft durchaus ihren besonderen Reiz hat. Dabei soll auch auf Phänomene aufmerksam gemacht werden, die sonst eher im Schatten des Bewusstseins liegen, wie *wol* und *ne* (Kapitel 7) oder *halt* und *eben* (Kapitel 8). Auch den Namen soll Beachtung geschenkt werden, etwa dem Weiterleben des Plattdeutschen in Straßennamen (Kapitel 10) oder von Zechennamen in den Namen der Kleingärten (Kapitel 2). Dass Kleingärten für die Erforschung der Sprache des Ruhrgebiets eminent wichtig sind, zeigt Kapitel 20. In vielen Kapiteln wird deutlich, dass es keinen Grund gibt, sich dieser Sprache zu schämen, im Gegenteil: Gegenüber Menschen aus anderen Regionen ist man als Ruhrgebietler stark im Vorteil, etwa was die richtige Aussprache des Hochdeutschen angeht (Kapitel 15).

Noch eine kurze Bemerkung zum Sprachgebrauch. Der Ausdruck »Ruhrdialekt« ist kein Terminus der Sprachwissenschaft. Für einen klassischen Dialektologen wäre nur das im Ruhrgebiet nahezu verschwundene Platt ein Dialekt, wobei sich einige Gelehrte immer noch darüber streiten, ob Plattdeutsch ein Dialekt oder eine Sprache ist. Im Ausdruck »Ruhrdialekt« ist »Dialekt« so verwendet, wie es »im Volke« üblich ist, wo die Bandbreite der Bedeutungen vom alten Ortsdialekt bis zum gefärbten Hochdeutsch reicht.

Für die Sprache des Ruhrgebiets gibt es ansonsten viele Bezeichnungen, sie sollen hier nicht alle aufgezählt werden.[10] Ich verwende vor allem »Ruhrplatt« und »Ruhrdeutsch«, gelegentlich auch »Ruhrhochdeutsch«. Mit »Ruhrplatt« werden die alten Dialekte bezeichnet, das »Westfälische« in der Mitte und im Osten des Ruhrgebiets, das »Niederrheinische« (die Experten sagen »Niederfränkische«) im Westen. Der Ausdruck »Ruhrdeutsch« meint die Umgangssprache und »Ruhrhochdeutsch« ist die Sprachform, die nur noch den regionalen Akzent zeigt.[11]

Was hat denn nun die Sprache mit der Definition von Ruhrgebiet zu tun? Sieht man sich die Einteilung der BILD in Regionalausgaben an (Berlin, Bremen, Chemnitz, Dresden, Düsseldorf, Frankfurt, Hamburg, Hannover, Köln, Leipzig, München, Stuttgart), so hat man bei jeder der genannten Städte eine gewisse Vorstellung von deren Sprache. Ich würde fast behaupten, eine Region, die nicht mit einer solchen Vorstellung von Sprache verbunden ist, existiert im Bewusstsein der Deutschen nicht. (Vergleiche dazu Kapitel 6.) Wer also etwas für die Verankerung des Ruhrgebiets im Bewusstsein der Deutschen tun will, muss auch der Sprache einen wichtigen Platz einräumen!

Man wird gemerkt haben, dass der Stil dieser Einleitung nicht der übliche Stil eines Wissenschaftlers ist. Das gilt für die folgenden Kapitel auch: Sie enthalten viel Meinung, aber das erkennt der Leser ohne Probleme. Wo etwas zur Sprache gesagt wird, werden natürlich keine Meinungen geäußert, hier ist angestrebt, dass die Aussagen wissenschaftlich abgesichert sind.

[1] Theoretisch könnten die Sitze der das Ruhrgebiet betreffenden Regierungsbezirke Düsseldorf, Arnsberg und Münster auch in Essen, Bochum und Gelsenkirchen liegen.

[2] Norbert Lammert setzt sich seit Jahren für eine Stärkung der Befugnisse des Regionalverbands Ruhr ein. Die neueste Initiative (Anfang 2013) ging aber von der SPD aus. (Vergleiche: http://www.derwesten.de/politik/lammert-cdu-lobt-die-ruhr-spd-fuer-metropolen-bestrebungen-id7511602.html)

[3] Siehe: http://www.metropoleruhr.de/regionalverband-ruhr/ruhrparlament.html

[4] Das weiß im Ruhrgebiet kein Mensch. Er ist das einzige Mitglied des Bundestags in der Verbandsversammlung, daneben gibt es sechs Mitglieder des Landtags. In der Versammlung sind nur 15 Frauen vertreten.

[5] Ausschnitt aus: http://upload.wikimedia.org/wikipedia/commons/d/db/Western_Germany_1923_de.png
(nach: http://www.drehscheibe-foren.de/foren/read.php?17,4741559)

[6] Siehe: http://www.axelspringer-mediapilot.de/artikel/BILD-RUHRGEBIET-Reichweite-BILD-RUHRGEBIET_718428.html
Zum Ruhrgebiet werden außer dem RVR-Gebiet (mit kleineren Abstrichen allerdings) auch Teile der Kreise Kleve, Borken und Coesfeld gezählt.

[7] Das Bistum umfasst die Stadtdekanate Bochum, Bochum-Wattenscheid, Bottrop, Duisburg, Essen, Gelsenkirchen, Gladbeck, Mülheim a. d. Ruhr und Oberhausen sowie die Kreisdekanate Altena-Lüdenscheid und Hattingen-Schwelm.

[8] Siehe: http://www.bistum-essen.de/fileadmin/bereiche/za-kom/Karte-Bistum-Essen-10-11-2009.pdf
Die obige Karte stammt von der Seite: http://www.72stunden.de/ueber-uns/dv/essen/ko-kreise.html

[9] Es gab eine Dissertation mit diesem Titel (Vonde, Detlef (1989): Revier der großen Dörfer. Industrialisierung und Stadtentwicklung im Ruhrgebiet. Essen: Klartext. Ursprünglich hatte die Dissertation sogar den Titel: Verhinderte Städte. Urbanisierung und Politik in den Industriedörfern des Ruhrgebiets 1870-1918).

[10] In meiner ersten Veranstaltung an der Ruhr-Universität zur Sprache des Ruhrgebiets im Wintersemester 1975/76 (»Geschichte der Umgangssprache des Ruhrgebiets«) hatten wir uns vorgenommen, den Ausdruck »Ruhrisch« zu propagieren. Er hat sich nicht durchgesetzt.

[11] Dieser Ausdruck ist durch das seit 2010 stattfindende Dortmunder Festival »RuhrHochDeutsch« bekannt geworden.

1. *Booochum!* – Warum wird das O lang ausgesprochen?

Es gab Zeiten, da in der Bochumer Ruhrlandhalle zu Beginn einer Veranstaltung aus Tausenden von Kehlen ein markerschütterndes *Booochum* erscholl. Das war als Korrektur gemeint. Als Korrektur? Ja!

Irgendein Politiker, Sänger, Kabarettist von außerhalb hatte voller Vorfreude das Publikum mit *Liebe Bochumer*, später dann auch mit *Liebe Bochumerinnen und Bochumer* begrüßt. Das O hatte er kurz ausgesprochen[1] und sich nichts dabei gedacht, denn man sagt ja auch *Knochen*, *gebrochen*, *lochen* – alles mit kurzem O.

Tatsächlich gibt es im Deutschen nur zwei Wörter, in denen ein O vor CH lang ausgesprochen wird: *Maloche* und eben *Bochum*. Das erste ist eine Entlehnung aus dem Deutsch der Juden (das viele hebräische Elemente enthielt), das zweite ist ein Name. Namen sind ein Kapitel für sich, es gibt viele Regeln, die es im normalen Deutsch nicht gibt, was ein Navi (bzw. eher dessen Nutzer) schier zur Verzweiflung bringen kann (*nach Söst bitte links abbiegen*). Auch *Duisburg* (mit langem Ü ausgesprochen) oder *Neukirchen-Vluyn* (ebenfalls mit langem Ü) entsprechen nicht den sog. »Laut-Buchstaben-Beziehungen« des Deutschen.[2]

Wie kommt es nun zur Aussprache von Bochum mit langem O? Wir rechnen mal nicht damit, dass es Zufall ist, sondern gehen – wie bei anderen sprachlichen Dingen auch – davon aus, dass dahinter so etwas wie eine Regel steht.

Wer sich mit der Herkunft des Namens beschäftigt, kann leicht in die Irre geführt werden. Das Bochumer Stadtwappen enthält ein Buch, und so denken viele, dass der Name etwas mit einem Buch zu tun haben müsse. Leider tut er das nicht. Obwohl es gut zu *Univercity*, dem neuesten Designerbeinamen für Bochum, passen würde. Aber bei Namen geht es meist prosaischer zu. Sehr oft hat ein Ortsname etwas mit der Lebenswelt der früheren Bewohner zu tun.

Bochum setzte sich ursprünglich, d. h. zu der Zeit, da in Bochum noch plattdeutsch gesprochen und geschrieben wurde, zusammen aus *bok*/*boc* und *hem*, und das heißt soviel wie *Buchenheim* bzw. *Siedlung bei den Buchen*. Das O wurde lang ausgesprochen, und damit das in der Schrift auch sichtbar wurde, hat man hinter das O ein E bzw. ein I gesetzt: *Boekhem* bzw. *Boikhem* oder auch *Boechem* und *Boichem*. Das sieht heute etwas merkwürdig aus, aber die Schreibung *Stahlhausen* ist im Prinzip genauso komisch: Das H zeigt nur an, dass das vorhergehende A lang ausgesprochen wird. Im Mittelalter machte man in dieser Gegend dasselbe mit einem E oder I, dem sog. Dehnungs-E bzw. Dehnungs-I. Heute hat sich das in Ortsnamen erhalten: *Coesfeld*, *Oer*, *Buer*, *Soest*, *Laer*[3] sind Beispiele für ein erhaltenes Dehnungs-E, *Broich*, *Troisdorf* für ein erhaltenes Dehnungs-I. Bei den Appellativen, d. h. im »normalen« Wortschatz, gibt es diese Längenzeichen nicht mehr.

Als dann im Laufe des 16. Jahrhunderts die plattdeutsche Schriftsprache durch die hochdeutsche ersetzt wurde, sind viele Namen »verhochdeutscht« worden.[4] Aus einem K wurde also CH: *Bochhem*, ähnlich wie aus *knoken* hochdeutsch *Knochen* wurde. (Wieso aus *-hem* das Suffix *-um* wurde, ist noch ungeklärt.) Dass der Name damit der »och-Regel« (also O vor CH nur kurz) unterlag, hatte natürlich keiner bedacht, sonst hätte man es weiterhin mit OE oder OI (oder mit OO) geschrieben.[5] Aber Bochum war im 16. Jahrhundert so unbedeutend, dass es überregional kaum bekannt war. Und die Einheimischen wussten ja, dass das O lang ausgesprochen wurde (wenn sie im Alltag nicht sowieso bei *Boikhem* geblieben sind).[6]

[1] Das müsste im Internationalen Phonetischen Alphabet (IPA) so wiedergegeben werden: [bɔxʊm]. Ein langes O wird mit [oː] bezeichnet.

[2] Siehe dazu auch Kap. 17 »*Pukziinii* – Automatendeutsch tut weh!«

[3] Es gibt in Nordwestfalen einen Ort Laer, der mit langem A ausgesprochen wird. Dagegen hat der Bochumer Ortsteil Laer ein Ä [phonetisch ɛː]. Das ist historisch gesehen eigentlich »falsch«, aber im Deutschen gibt es die Regel, dass ein Ortsname überregional so ausgesprochen wird, wie die Bewohner selbst es tun. Ähnliches gilt für die Aussprache von Familiennamen. Wenn die Träger des Namens *Claes* sich mit langem A aussprechen, ist das okay, wenn mit Ä, auch. Schwierig wird es nur, wenn es in derselben (Groß-) Familie beide Varianten gibt und jede Partei sich im Recht fühlt. Als ich als Bochumer Germanist einmal einen solchen Streit schlichten sollte, habe ich mich vornehm zurückgezogen.

[4] Dabei waren nicht immer Experten am Werk. Die »Kampfbahn Katzenbusch« in Herten hat mit Katzen nichts zu tun, sondern mit *Kate*, dem plattdeutschen Wort für *kleines Haus*. Dafür war auch *Kotten* üblich.

[5] Als gegen Ende des 20. Jahrhunderts vorgeschlagen wurde, ein Dehnungszeichen in den Namen einzufügen, war es dafür natürlich viel zu spät. Siehe: RUBENS. Nachrichten. Berichte und Meinungen aus der Ruhr-Universität Boechum [sic!]. 2. Jahrgang 1995, Nr. 6, vom 1. April 1995. S. 1f. [http://www.ruhr-uni-bochum.de/rubens/pdfs/rubens06.pdf]

[6] Zu Einzelheiten siehe Brinkmann, Carl (1936): Das Schriftwesen in Bochum bis zur Mitte des 17. Jahrhunderts und das Eindringen der hochdeutschen Schriftsprache. Bochum-Langendreer: Pöppinghaus. (= Diss. Münster 1937) Die Bochumer Urkunden sind teilweise herausgegeben von Darpe, Franz (1894): Geschichte der Stadt Bochum. Bochum. S. *1-*214. (Von Darpes Werk ist 1991 ein Nachdruck erschienen.) Zu den Bochumer Urkunden vgl. jetzt auch: Pätzold, Stefan (2012): Von Brief und Siegel. Bochums mittelalterliche Urkunden – Anmerkungen zu Bestand und Forschungsperspektiven. In: Märkisches Jahrbuch für Geschichte 112, S. 44-65.

2. Otto Rehhagels *TuS Helene*. Die Zechennamen im Ruhrgebiet leben weiter

In der Zeit, da Otto Rehhagel Trainer der griechischen Fußball-Nationalmannschaft war (2001-2010), wurde immer wieder mal darauf hingewiesen, dass er bei *TuS Helene* in Essen seine Karriere als Fußballer begonnen hatte (1957-1960). Die Nähe von *Helene* und *Hellene* hat manchen Sportjournalisten dazu verführt, in Namen des Essener Vereins eine Vorausdeutung auf die spätere Tätigkeit Rehhagels in Griechenland zu sehen.

Nun, *Helene/Helena* hat mit dem *Hellenen* bzw. mit *Hellas* nichts zu tun. In der Kreisliga A des Kreises Essen-Nordwest gibt es zwar zwei Vereine, die im Namen Bezug auf ein anderes Land (Al-Arz Libanon Essen und NK Croatia) nehmen[1], aber der *TuS Helene* gehört nicht dazu. Der Verein ist auch nur indirekt nach einer Frau benannt, direkt dagegen nach einem Bergwerk, der »Zeche Helene« in Essen-Altenessen. Namengeberin war Helene Amalie Krupp geb. Ascherfeld (1737-1810). »Helene« hießen auch ein Grubenfeld und ein Schacht, letzterer wurde 1870 abgeteuft. 1965 wurde die Zeche Helene stillgelegt[2].

TuS Helene war also eine Art Werksverein. Otto Rehhagel gehörte ihm schon im Alter von zehn Jahren an, auf der Zeche war er nach seiner Lehre seit 1957 über Tage beschäftigt.[3]

Dass ein Verein *TuS Helene* heißt, klingt heute etwas merkwürdig. Allerdings nur für Auswärtige. Einheimische mögen die alten Zechennamen, sei es der von *Auguste Victoria* in Marl, einem der letzten noch nicht geschlossenen Bergwerke im Ruhrgebiet, seien es die von *Hugo* oder *Ewald* in Gelsenkirchen-Buer bzw. Herten, die bereits vor Jahren stillgelegt wurden.

Die Namen der Zechen geraten heute mehr und mehr in Vergessenheit, und damit verbunden verblasst auch die Erinnerung an den Bergbau insgesamt. Das mag man begrüßen, wenn man dem Ruhrgebiet ein neues Image verschaffen möchte. Aber einige Züge der Identität der Bewohner des Ruhrgebiets scheinen damit auch dem Vergessen anheimzufallen, und es sind nicht deren schlechteste Züge. Auch wer nie im Bergbau beschäftigt war, hatte bestimmte Eigenschaften der Kumpel verinnerlicht, z. B. dass *malochen* etwas Positives ist, dass man sich *vor Ort* (ursprünglich *vor der Kohle*) hilft, dass man offen und ehrlich miteinander umgeht etc. etc. Es spricht also viel dafür, die Erinnerung an die Kohlezeit aufrechtzuerhalten.

Als Sprachwissenschaftler kann man das unter anderem im Bereich der Zechennamen tun. Diese haben Pate gestanden für eine Reihe weiterer Namen, etwa Straßennamen, Namen von Kleingartenanlagen, Namen von Kiosken, Namen von Haltestellen des ÖPNV. Daneben sind aber auch Diskotheken (*Zeche* in Bochum) oder Theater (*prinz regent theater* in Bochum) nach Zechen benannt worden. Wie gesagt, dessen ist man sich im Ruhrgebiet oft kaum mehr bewusst. Tun wir also etwas gegen das Vergessen!

Hier folgt nun eine Liste Bochumer Straßennamen, die nach Zechen benannt sind[4]:

Am Kirschbaum, Am Ruhrort, Auf der Prinz, Berneckenstraße, Carolinenglück, Centrumplatz, Centrumstraße, Coloniastraße, Constantinstraße, Dannenbaumstraße, Engelsburger Straße, Ewaldstraße, Florastraße, Freie-Vogel-Straße, Friederikastraße, Friedlicher-Nachbar-Straße, Fröhliche Morgensonne, Generalstraße, Gibraltarstraße, Glücksburger Straße, Hannibalstraße, Hannoverstraße, Hasenwinkeler Straße, Heinrich-Gustav-Straße, Hektorstraße, Hollandstraße, Idunaweg, Isabellastraße, Iserlohner Straße, Karl-Friedrich-Straße, Karolinenstraße, Lothringer Straße, Mansfelder Straße, Mariannenplatz, Mariannenstraße, Mathiasstraße, Morgensonnenstraße, Präsidentstraße, Prinz-Regent-Straße, Schürbankstraße, Schwerinstraße, Sechs-Brüder-Straße, Sechs-Schwestern-Straße, Siebenplaneten, Urbanusstraße, Vollmondstraße[5]*, Zechenstraße*

Dies sind nur die Straßennamen, die auf früher einmal existierende Zechen zurückzuführen sind. Darüber hinaus gibt es eine Fülle von Namen, die mit dem Bergbau im weitesten Sinne zu tun haben, etwa die Namen von Flözen oder Schächten, aber auch von Kolonien, also Zechensiedlungen.

Wie in vielen anderen deutschen Großstädten zählen auch im Ruhrgebiet Schrebergärten zum charakteristischen Erscheinungsbild. Allein in Bochum gibt es 80 Kleingartenanlagen. Und, das wird in diesem Zusammenhang jetzt nicht mehr wundern, allein 13 davon sind nach Zechen benannt:

Abendrot (nach *Morgensonne*), *Auf der Prinz, Carolinenglück, Centrum-Morgensonne, Engelsburg, Flora, Friederika, Friedlicher Nachbar* (2x), *Fröhliche Morgensonne, Iduna, Sonnenschein, Vollmond*

Dies mag genügen, um einen Eindruck davon zu vermitteln, wie stark die alltägliche Namenwelt des Ruhrgebiets durch die Bergbauvergangenheit geprägt ist. Wenn man das weiß, rechnet man auch damit und steigt an der Haltestelle *Centrum* nicht aus, wenn man ins Zentrum von Wattenscheid will. Davon ist man noch vier Stationen entfernt (*August-Bebel-Platz*).

Oben ist bereits das Bochumer *prinz regent theater* erwähnt worden. Wegen der Namensähnlichkeit wird es gelegentlich mit dem Münchner *Prinzregententheater* verwechselt. Aber die beiden Regenten haben nichts miteinander zu tun. Die Bochumer Zeche hat einen preußischen, das Münchner Theater einen bayrischen Prinzen als Namenspatron.

Das Bochumer Theater ist nicht das einzige im Ruhrgebiet, das nach einem Bergwerk benannt worden ist. Hier folgen weitere Theater sowie Kulturzentren:

Consol Theater in Gelsenkirchen, *Constantin Musik Theater* in Bochum, *Kultur-Magazin Lothringen* in Bochum, *Maschinenhalle Friedlicher Nachbar* in Bochum, *Nordsternpark* in Gelsenkirchen, *Schacht Bismarck* in Gelsenkirchen, *Theaterkaue Minister Stein* in

Dortmund, *Zeche Bonifacius* in Essen, *Zeche Königin Elisabeth* in Essen, *Zeche Scherlebeck* in Herten, *Zeche Waltrop* in Waltrop, *Zentrum Altenberg* in Oberhausen, *Zentrum Zeche Carl* in Essen

Nähme man auch Namen hinzu, die mit Bergbau im weitesten Sinne zu tun haben, würde sich die Zahl noch beträchtlich erhöhen. Zum Beispiel gibt es zwei *Glückaufhallen* (Duisburg und Sprockhövel), ein *Filmstudio Glückauf* (in Essen), von der berühmten *Kampfbahn Glückauf* in Schalke ganz zu schweigen.[6]

In diesem Kapitel ist der Akzent auf das Weiterleben der Zechennamen in bergbaufernen Bereichen gelegt worden. Würde man die gesamte Montanindustrie in den Blick nehmen, würde man es mit einer schier unübersehbaren Fülle von Namen zu tun bekommen. Das schreit eigentlich nach einem Forschungsprojekt. Allerdings wüsste ich nicht, wer da die Initiative ergreifen könnte.

---

[1] Weil sie so schön ist, hier die Tabelle der Liga von Anfang März 2013:

Platz	Mannschaft	Tordifferenz	Punkte
1	Spvg Schonnebeck 2	41	34
2	TuS 84/10 Bergeborbeck	24	34
3	DJK Katernberg 19	24	33
4	SG Schönebeck	18	31
5	Ballfreunde Bergeborbeck	-3	29
6	Sportfr. 1918 Altenessen	10	24
7	TuS Helene	0	24
8	TuRa 86	-2	22
9	RuWa Dellwig	8	21
10	DJK Adler Frintrop 2	-5	16
11	FC Stoppenberg	-6	16
12	Sportfreunde Katernberg	-9	15
13	Al-Arz Libanon Essen	-13	14
14	DJK Eintracht Borbeck	-14	14
15	NK Croatia	-36	8
16	Vogelheimer SV II	-38	4

In dieser Tabelle auch die »Sportfreunde Katernberg« (auf Platz 12) wiederzufinden, schmerzt den alten Fußballfreund. Als ich als Fan sozialisiert wurde, spielte dieser Verein in der Oberliga West, einer der vier höchsten Spielklassen! An die Geschichte »meines« Vereins, der SpVgg Herten, die u. a. Rudi Assauer hervorgebracht hat, darf ich gar nicht denken. Immerhin steht seine »Kampfbahn Katzenbusch« heute unter Denkmalschutz. Die Schachabteilung der »Sportfreunde Katernberg« spielt viel höher, nämlich in der Bundesliga! Katernberg ist im Übrigen nicht irgendein Essener Vorort. Er beherbergt die mittlerweile weltberühmte »Zeche Zollverein«.

[2] Vgl. dazu Hermann, Wilhelm und Gertrude/Syré, Christine (Bearb.) (2008): Die alten Zechen an der Ruhr. Vergangenheit und Zukunft einer Schlüsseltechnologie. Mit einem Katalog der »Lebensgeschichten« von 477 Zechen. 6. Aufl. Königstein im Taunus: Langewiesche Nachf. Köster. (= Die blauen Bücher.) Siehe auch Huske, Joachim (2006): Die Steinkohlenzechen im Ruhrrevier. Daten und Fakten von den Anfängen bis 2005. 3., überarb. und erw. Aufl. Bochum: Deutsches Bergbau-Museum. (= Veröffentlichungen aus dem Deutschen Bergbau-Museum Bochum. Nr. 144.)

[3] Zu der Zeit schrieb sich Rehhagel noch mit einem H. Erst seit Mitte der 70er Jahre erscheint das zweite H, wie die Essener Adressbücher ausweisen.

[4] Vgl. Bochumer Straßennamen. Herkunft und Deutung. Stadt Bochum: Vermessungs- und Katasteramt, 1993. S. 20: 2.2.01.00 Bergbaubetriebe.

[5] In der WAZ vom 28.02.2013, Lokalteil Bochum, stand eine hübsche Glosse, die das Vergessen der Etymologie von Straßennamen gut thematisiert. In einer Kneipenrunde wurde der Name *Vollmond* zuerst auf den Erdtrabanten zurückgeführt. Zum Glück saßen auch Bergbau-Experten in der Runde.

[6] Ich verdanke diese Namen einer Hausarbeit, die im Wintersemester 2003/04 im Rahmen des Seminars »Deutsche Namenkunde« angefertigt wurde: Eichler, Melanie/Kruse, Alexander: Die Montanindustrie des Ruhrgebiets lebt weiter – in den Namen der Region. Teil 1: Kulturinstitutionen. 75 S.

3. *Rettkowski* gegen *Retkowski*. Warum einmal ein T, einmal zwei?

Als ich im letzten Jahr an der Rezension des einzigartigen »Lexikons der Familiennamen polnischer Herkunft im Ruhrgebiet«[1] saß, schlug ich mehrere Namen nach, um zu sehen, wie häufig sie im Ruhrgebiet vertreten sind.[2] Dabei stellte sich zum Beispiel heraus, dass der Name *Retkowski* 52-mal vorkommt, allerdings in zwei unterschiedlichen Schreibweisen: *Retkowski* gibt es 13-mal, *Rettkowski* 39-mal. Das Verhältnis war 1:3. Ich war etwas verblüfft.

Um nachzuprüfen, ob diese Beobachtung kein Zufall ist, gibt es im Internet wunderbare Werkzeuge, fast bin ich geneigt zu sagen: Spielzeuge. Ich weiß nicht, wie viele Stunden ich auf den Seiten »geogen«[3] oder »verwandt.de«[4] zugebracht habe.

Für ganz Deutschland ergab sich bei *Retkowski* vs. *Rettkowski* dasselbe Verhältnis: 1:3! *Retkowski* hatte 81 Treffer, *Rettkowski* aber 248.[5]

Ein vergleichbares Ergebnis zeigte sich bei »verwandt.de«. Hier war das Verhältnis 75:268, also etwa 1:3,6.[6]

Das war etwas überraschend. Zwar erscheinen polnische Namen in Deutschland häufig in recht unterschiedlicher Schreibweise[7], aber dass die Schreibung nur in der Zahl der Konsonanten abweicht, ist schon auffällig, zumal Ähnliches auch bei *Witkowski* gegenüber *Wittkowski* zu beobachten ist.[8]

Da es sich bei diesen Namen um polnische (besser polnischsprachige) Namen handelt, lag es nahe, sich die Verteilung im heutigen Polen anzusehen. Das ist zum Glück relativ einfach zu bewerkstelligen, da »verwandt.de« bei den Ländereinstellungen auch »Polen« aufführt. Die Verteilung von *Retkowski* zu *Rettkowski* ist 278:7, *Rettkowski* kommt also kaum vor. Und für *Witkowski* zu *Wittkowski* ist das Verhältnis 21.244 zu 47!

Das polnische Ergebnis überrascht insofern kaum, als es im Polnischen keine Doppelschreibung von Konsonanten gibt. Erklärungsbedürftig ist also das doppelte T in *Rettkow*ski bzw. *Wittkowski*.

Sieht man sich die Karte zur Verteilung von *Rettkowski* im heutigen Polen an, fällt auf, dass die sieben Namen (bzw. Telefonanschlüsse) nur in Ostróda, Gizycko und Elk vorkommen (also den früheren Osterode, Lötzen und Lyck), d. h. im früheren Ostpreußen. Hier nun scheint der Schlüssel für die Doppelschreibung des T zu liegen.

Die frühere Bevölkerung im südlichen Ostpreußen und im südlichen Ermland sprach Polnisch. Ob Masurisch, wie erst in jüngerer Zeit dieses Polnisch genannt wurde, eine eigene Sprache oder ein Dialekt des Polnischen war, sei dahingestellt. Wichtig scheint mir, dass man von der Sprache nicht auf das Selbstverständnis der Sprecher schließen darf.[9] Die Masuren empfanden sich als die echten Preußen und wollten keinesfalls auch als Polen betrachtet werden. Leider sind die Bezeichnungen für die Sprache und für die Nationalität oft identisch (»deutsch« und »deutsch«), was leicht Anlass zu Missverständnissen geben kann. Erst in den letzten Jahren ist ins Bewusstsein der Deutschen eingedrungen, dass es Deutsche mit russischer oder polnischer Muttersprache gibt. Und so ist jemand, der in Ostpreußen Polnisch sprach, nicht automatisch ein Pole.

Ich kann mich erinnern, wie sich der berühmte Fußballspieler Ernst Kuzorra bei einem Gespräch, das sich zufällig in der Gaststätte Bosch direkt neben der Schalker Glückauf-Kampfbahn ergab, bitter darüber beklagte, dass er immer wieder als Pole bezeichnet worden sei. Er habe sein Leben lang dagegen angekämpft, irgendwann habe er dann aber kapituliert. Auch heute hört man gelegentlich noch den »Witz«, wenn die Schalker in Warschau spielten, brauchten sie kein Hotel, sie kämen bei Verwandten unter.

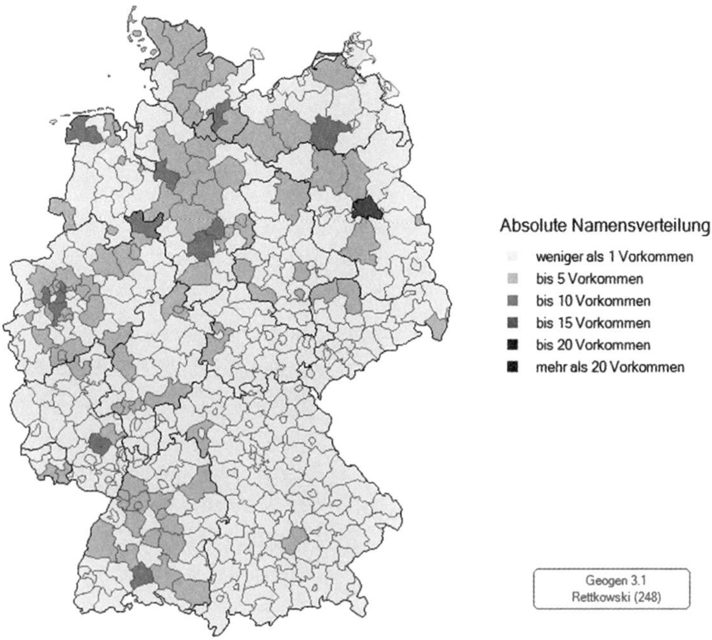
Absolute Namensverteilung
weniger als 1 Vorkommen
bis 5 Vorkommen
bis 10 Vorkommen
bis 15 Vorkommen
bis 20 Vorkommen
mehr als 20 Vorkommen
Geogen 3.1
Rettkowski (248)

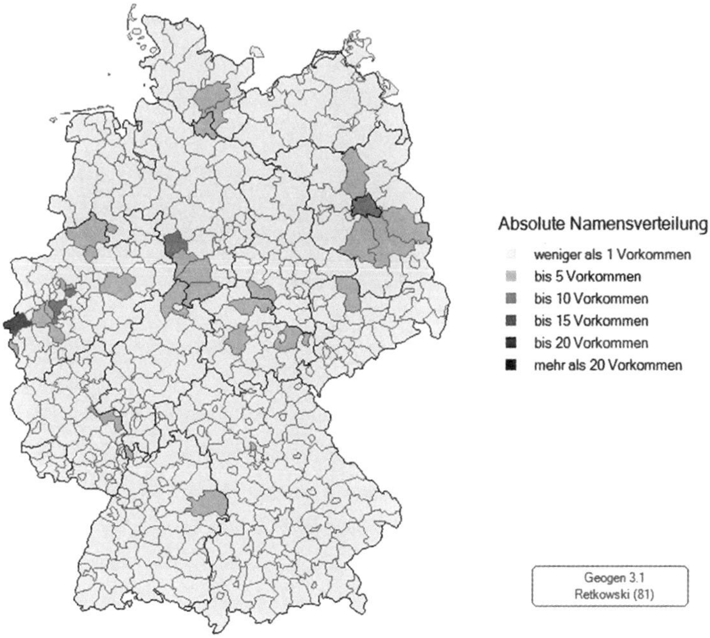
Absolute Namensverteilung
weniger als 1 Vorkommen
bis 5 Vorkommen
bis 10 Vorkommen
bis 15 Vorkommen
bis 20 Vorkommen
mehr als 20 Vorkommen
Geogen 3.1
Retkowski (81)

Vermutlich sollte die Schreibung mit dem doppelten T anzeigen, dass der Träger des Namens nicht für einen Polen, sondern für einen Ostpreußen gehalten werden wollte. Ob das von den preußischen Behörden gefördert wurde, entzieht sich meiner Kenntnis[10]. Wissen Sie es?

---

[1] Rymut, Kazimierz/Hoffmann, Johannes (Hrsg.) (2006/10): Lexikon der Familiennamen polnischer Herkunft im Ruhrgebiet. 2 Bde. Bearb. von Czopek-Kopciuch, Barbara/Klimek, Zygmunt/Makula-Kosek, Wanda/Mól, Henryka. Kraków: Verlag des Instituts für Polnische Sprache PAN. (= Polska Akademia Nauk – Instytut Języka Polskiego; Forschungsstelle Ostmitteleuropa an der Universität Dortmund)

[2] Im Lexikon sind die Telefonbücher von 28 Städten verarbeitet worden. Es fehlen einige kleinere Städte, aber die 28 stehen immerhin für 4,4 Mill. Einwohner (Mitte 2011). Vergleiche dazu meine Rezension in »Beiträge zur Namenforschung« 47, 2012, H. 3, S. 331-334.

[3] Die Startseite ist unter http://christoph.stoepel.net/geogen/v3 zu erreichen.

[4] Hier lautet die Adresse: http://www.verwandt.de/karten

[5] Das lässt sich leicht nachprüfen. Geben Sie auf der Seite von »geogen« *Retkowski* und *Rettkowski* ein, dann finden sich die angegebenen Zahlen. Man hat dann u. a. die Möglichkeit, sich die Verteilung des Namens in Deutschland auf einer Karte anzeigen zu lassen.

[6] Sowohl »geogen« als auch »verwandt.de« basieren auf den Telefonbucheinträgen der Telekom (bzw. entsprechender Gesellschaften im Ausland). Die Zahl der Namenträger ist also wesentlich höher.

[7] Im Falle von *Krawczyk* etwa gibt es insgesamt 22 Varianten!

[8] Bei diesem Namen sind die Proportionen etwas ausgeglichener: bei »geogen« 747 zu 914, bei »verwandt.de« 792 zu 867. Im Ruhrgebiet beträgt das Verhältnis 133 zu 190.

[9] Das Problem ist weiter aktuell. Nur betrifft es heute weniger die Zuwanderer aus Osteuropa, sondern viele aus der Türkei. Wer einen türkischen Pass hat, muss nicht Türkisch als Muttersprache sprechen, es kann auch Kurdisch sein.

[10] Herr Hans Rettkowski, früher Witten, heute Oldenburg, wies mich darauf hin, dass die Doppelschreibung der Konsonanten mit der 1875 erfolgten Einführung der Standesämter in Ostpreußen zu tun haben könnte. (Briefliche Mitteilung vom 13.03.2013)

4. *Maciejewski* wird zu *Matthöfer*. Namensänderungen

Hans Matthöfer war eine ehrliche Haut. Und so verdanken wir ihm auch Einblicke in einen Aspekt der jüngeren Geschichte des Ruhrgebiets, der in den meisten betroffenen Familien ein Tabu darstellte: die Namensänderung polnischsprachiger Familiennamen.[1]

Man schätzt, dass ein Viertel dieser Namen in deutsche, manchmal auch nur deutsch klingende Namen geändert worden ist. Das betraf also mehrere zehntausend Familien. Das heißt, mehrere Hunderttausend der heutigen Bewohner des Ruhrgebiets tragen einen geänderten Familiennamen.

Hans Matthöfer ist am 25.9.1925 im Bochumer Norden geboren, und dort ist er auch aufgewachsen. Sein Vater Johann (Jahrgang 1901), und nicht, wie in der großen Biographie von Werner Abelshauser[2] steht, der Großvater Lorenz Maciejewski, hat vor der Geburt seines ältesten Sohnes Hans den Namen in Matthöfer ändern lassen, außer ihm hat das von den vier Brüdern nur der in Bochum wohnhaft gebliebene Franz getan. Warum Johann sich zur Namensänderung entschloss, darüber kann ich im Moment nur spekulieren. Ich vermute, dass seine aus der Eifel stammende Verlobte, also die Mutter Hans Matthöfers, ihn dazu gedrängt hat.[3]

Auch in der Familie Matthöfer war die Namensänderung tabu. Abelshauser, der für seine Biographie fünf große Interviews mit Matthöfer geführt hat, schreibt, dass in der Familie Matthöfers nie über die Namensänderung gesprochen worden sei.[4] Auch in Matthöfers Autobiographie ist an keiner Stelle davon die Rede, es hätte z. B. nahegelegen, sie an der Stelle zu erwähnen, an der Matthöfer sehr ausführlich die Namen (nicht nur die polnischen) seiner Mitschüler in Bochum-Hamme aufzählt.[5]

Bemerkenswert ist nun, dass Matthöfer an anderer Stelle Bedauern über sein familienhistorisches Nichtwissen äußert:

> Über meine unmittelbaren Vorfahren weiß ich leider nur wenig und gar nichts über die weiter zurückliegenden.
> Es ist ja für die eigene Entwicklung und für die Analyse des eigenen Verhaltens nicht unwichtig zu wissen, wer und wie die eigenen Großeltern oder gar Urgroßeltern waren und wie sie handelten. Ich hatte aber leider nie die Möglichkeiten, solche Kenntnisse zu erwerben.[6]

Meine These ist nun, dass ein Zusammenhang zwischen diesem Nichtwissen und der Namensänderung besteht. In den betroffenen Familien, und das haben viele berichtet[7], hat man bestimmte Themen umschifft, um nicht in die Nähe des Themas Namensänderung bzw. polnische Herkunft zu kommen. Vielleicht kann man über bestimmte Themen auch nur in der Muttersprache erzählen, und die hatte man in den zwanziger Jahren in der Regel bereits aufgegeben.

Die Bewohner des Ruhrgebiets gehen heute meist davon aus, dass die Geschichte der Zuwanderung eine Erfolgsgeschichte sei. Das manifestiert sich im Bild des »melting pot«. An diesem Bild möchte ich nicht kratzen, aber der Beitrag der verschiedenen Bevölkerungsgruppen war sicher unterschiedlich groß. Am wenigsten mussten die Einheimischen tun. Und am meisten hatten sicher die ostpreußischen Masuren zu leisten. Deren Beitrag zur Integration war eher eine Kapitulation.

Im heutigen Bewusstsein existieren die Masuren gar nicht. Das hängt damit zusammen, dass sie schon beim Zuzug ins Ruhrgebiet als »Polacken« bezeichnet wurden, genauso wie die Zuwanderer aus der Provinz Posen z. B., den »echten« Polen. Das ist so, als würde man deutschsprachige Schweizer in den USA als »Krauts« bezeichnen! Masuren sprachen zwar Polnisch, genauso wie Menschen im südlichen Teil des Ermlands, aber ihre Identität war in der Regel preußisch.

Die Zuwanderung aus Ostpreußen hatte regionale Schwerpunkte, einer war Gelsenkirchen. Und so verwundert es nicht, dass von den Eltern der Mitglieder der Schalker Meistermannschaft von 1934, die selbst übrigens alle in Westdeutschland geboren waren, sieben aus Ostpreußen stammten.[8]

In den zwanziger Jahren gab es im Ruhrgebiet sicher genauso viele Familien mit masurischer wie mit polnischer Herkunft. Das war 1910 noch anders. Das zahlenmäßige Verhältnis von Masuren zu anderen Polnischsprachigen war da ungefähr 150.000 zu 350.000, also 1,5:3,5. Nach dem Ersten Weltkrieg soll von den Polen aber nur ein Drittel im Ruhrgebiet geblieben sein, das zweite Drittel wanderte ins neu gegründete Polen aus, das dritte in die Kohlereviere Frankreichs und Belgiens.

Obwohl genauere Zahlen fehlen, vermute ich, dass die meisten Masuren im Ruhrgebiet geblieben sind. Mit dem neuen Polen hatten sie nichts am Hut, vielleicht sind einige auch nach Frankreich ausgewandert. Das heißt, das Verhältnis betrug Mitte der zwanziger Jahre fast 1:1. Das war damals und ist auch heute noch, selbst bei einigen WissenschaftlerInnen, weitgehend unbekannt.

Die Namensänderungen harren noch einer eingehenden Untersuchung.[9] Lange hatte die Scheu, sich mit dem Thema zu beschäftigen, ihren Grund auch darin, dass man niemanden bloßstellen wollte. Wenn Hans Matthöfer sich nicht selbst zur Namensänderung geäußert hätte, hätte man sie wohl nicht bekannt gemacht. Und es ist ja auch bezeichnend, dass er erst wenige Jahre vor seinem Tode am 14. November 2009 über die Änderung gesprochen hat.

Die geänderte Form eines ursprünglich polnischen Familiennamens kommt heute in der Regel nicht häufig vor. »Matthöfer« gibt es bei »geogen« 15-mal, »Maciejewski« dagegen 479-mal. (Umgekehrt kann man aus der Seltenheit eines Namens aber nicht auf eine Namensänderung schließen. »Schavan« gibt es auch nur fünfmal in Deutschland). Die Namensänderung hat die Verbindung zur weiteren Verwandtschaft sozusagen gekappt.

Vielleicht ist es jetzt an der Zeit, die Namensänderungen systematisch zu untersuchen. Schön wäre, wenn analog zum »Lexikon der Familiennamen polnischer Herkunft im Ruhrgebiet«[10] ein entsprechendes Lexikon zu den geänderten Familiennamen entstehen würde. Ob diese Namen im groß angelegten »Deutschen Familiennamenatlas« (DFA) Berücksichtigung finden werden, bleibt abzuwarten. Ich denke, dass es die Generation der Enkel und Urenkel heute schon interessieren könnte, ob ihr Familienname ein geänderter Name ist. Wer sollte sich heute noch dafür schämen? Sollte ich mich täuschen, schreiben Sie's mir!

Hier folgt noch eine Hommage an die polnischsprachigen Familiennamen im Ruhrgebiet durch den Bochumer Autor Werner Streletz[11]:

Naem, die ich mag
(Carl-Ludwig Reichert gewidmet)

Ewald Adamsky
Auguste Buchenek
Anton Cervinsky
Heini Drabiniok
Stanislaus Ernat
Zissi Falkowski
Ida Gawollek
Moni Hermanik
Lotte Ignaczak
Frieda Josefiak
Friddelm Katriniok
Ede Lokaiczak
Nobbert Mikolaiczak
Hebbert Nikolaiczik
Anne Olczewski
Franz Prczybilsky
Bennat Quittek
Mia Raczkowski
Willi Szymaniak
Gerti Tilsky
Jupp Urbainczyk
Ulli Vittek
Jonny Wawrzynowicz
Hubbert Zelobowski

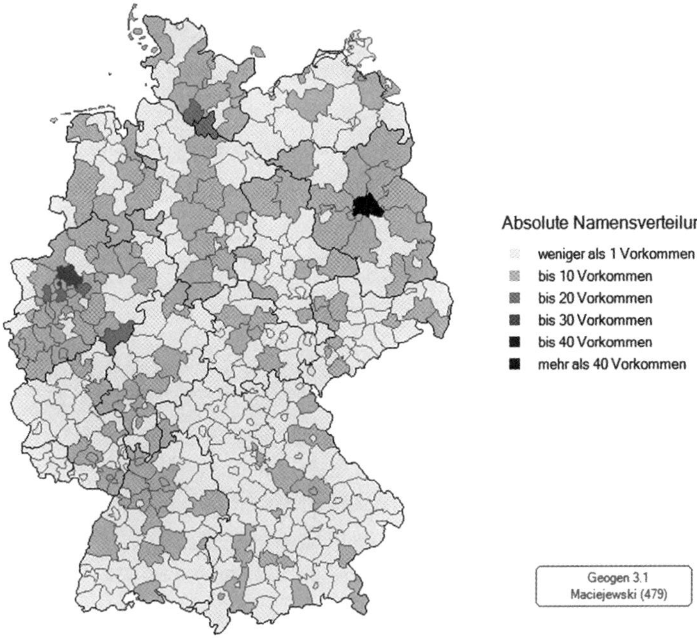
Absolute Namensverteilung
weniger als 1 Vorkommen
bis 10 Vorkommen
bis 20 Vorkommen
bis 30 Vorkommen
bis 40 Vorkommen
mehr als 40 Vorkommen
Geogen 3.1
Maciejewski (479)

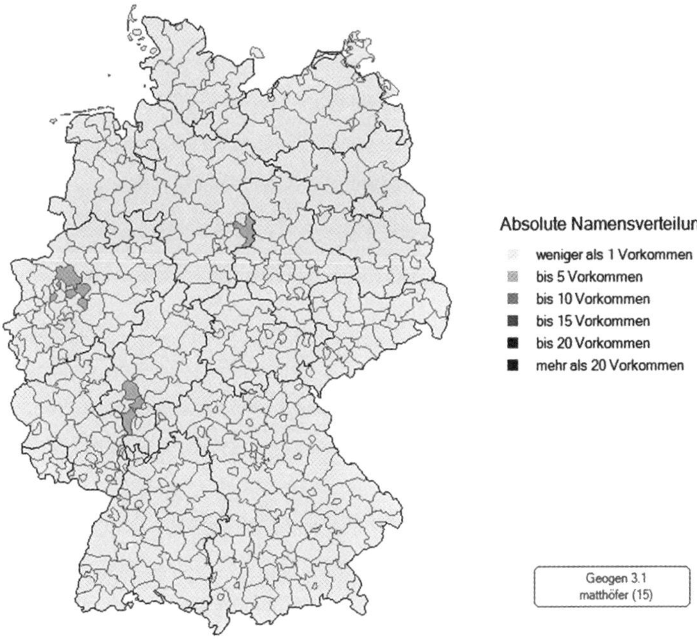
Absolute Namensverteilung
weniger als 1 Vorkommen
bis 5 Vorkommen
bis 10 Vorkommen
bis 15 Vorkommen
bis 20 Vorkommen
mehr als 20 Vorkommen
Geogen 3.1
matthöfer (15)

[1] Heute geht man mit diesem Thema viel offener um. Ein gutes Beispiel dafür ist die Bundeskanzlerin. Als die Öffentlichkeit Mitte März 2013 davon erfuhr, dass ihr Großvater 1930 den Namen Kazmierczak in Kasner hatte ändern lassen, ließ sie sich den polnischen Namen von Premier Donald Tusk buchstabieren. Vergleiche dazu: http://www.derwesten.de/politik/wie-viel-polen-steckt-in-angela-merkel-id7732862.html
In dem Artikel der WAZ werden die Vorfahren von Ernst Kuzorra übrigens wieder einmal zu Polen gemacht. (Vergleiche Kapitel 3.)

[2] Abelshauser, Werner (2009): Nach dem Wirtschaftswunder. Der Gewerkschafter, Politiker und Unternehmer Hans Matthöfer. Bonn: Dietz Nachf.

[3] Als Privatdruck ist im März 2006 eine sehr lesenswerte Autobiographie von Hans Matthöfer erschienen:
Matthöfer, Hans (2006): Aus dem Ruhrpott in den Bundestag. Meine Jahre von 1925 bis 1961. Kronberg im Taunus. [nicht im Buchhandel]
Darin schreibt Matthöfer über seine Mutter:
»Das einzige ihm [d. h. seinem Vater Johann] verbliebene von seiner Mutter stammende Erbstück war ein Bild der von den Polen als Heiligtum verehrten, wundertätigen Schwarzen Mutter Gottes von Tschenstochau, das in einem breiten, vergoldeten Rahmen steckte.
Meine Mutter, mit ihrem unüberwindlichen Horror gegen alles Polnische, behauptete steif und fest, der Rahmen sei verwanzt. Sie weigerte sich mit dieser Begründung beharrlich und entschieden, das fromme Bild der von den Polen hoch verehrten Gottesmutter aufzuhängen. Mein Vater wollte aber aus alter Anhänglichkeit an seine Mutter das Bild nicht einfach weggeben oder gar wegwerfen.« (S. 22).
Dafür ist die Mutter auf Französisches stolz. Matthöfer berichtet:
»Sie [die Mutter] sprach damals noch immer mit dem stark rheinländischen Dialekt ihrer Jugend. So sagte sie zum Beispiel ›isch‹ statt ›ich‹, was wir Bochumer komisch fanden. Um mir den französischen Einfluss auf ihren rheinischen Heimatdialekt zu demonstrieren, sagte sie einmal zu mir: ›Jong, Jong, mach es de Porz zu. Isch krisch de Ping an de Panz.‹ Jahrzehnte später hatte sie sich aber, um sich besser an die Umgebung anzupassen, dann allmählich doch die Ruhrgebietsaussprache angewöhnt.« (S. 4)

[4] Abelshauser 2009, S. 29.

[5] Matthöfer 2006, S. 9-11.

[6] Ebda. S. 20.

[7] Mir ist mehrfach berichtet worden, dass Enkel erst aus der Todesanzeige erfuhren, dass die Verstorbene ursprünglich einen polnischsprachigen Namen trug. In diesen Fällen hatte sie diesen zwar mit der Heirat »abgelegt«, aber auch

dieses Thema war tabu. In meiner Verwandtschaft erfuhr der Schwiegervater erst bei der standesamtlichen Hochzeit seiner Tochter, dass der Name ihres Mannes geändert war. Über dieses Thema war mit ihm nicht zu reden.

[8] Die Eltern von Fritz Szepan, Otto Tibulski, Emil Rothardt, Adolf Urban, Ernst Kuzorra, Ernst Kalwitzki, Rudolf Gellesch und Walter Badoreck stammten alle aus Masuren. Hermann Mellage, Hans Bornemann und Hermann Nattkämper hatten Eltern aus Westfalen bzw. Ostfriesland (die Mutter des Torwarts Mellage). Zwei Spieler hatten Eltern, die in der Provinz Posen (Valentin Valentin) bzw. Oberschlesien (Ferdinand Zajonz) geboren waren. Die Namen Rothardt und Valentin sind das Ergebnis von Namensänderungen. Vgl. dazu Menge, Heinz H. (2000): Namensänderungen slawischer Familiennamen im Ruhrgebiet. In: Niederdeutsches Wort 40, S. 119-132.

[9] Das betrifft mehrere Disziplinen. Was die Sprachwissenschaft angeht, so hat man schon einige »Prinzipien« bei den Änderungen herausgearbeitet. Dazu gehört, dass bei vielen Änderungen die ersten drei Buchstaben beibehalten worden sind: *Andryszak* zu *Andres*, *Borsimski* zu *Born* oder *Dombrowski* zu *Dombrück*

[10] Rymut, Kazimierz/Hoffmann, Johannes (Hrsg.) (2006/2010). (Vergleiche Kapitel 3, Anm. 1.)

[11] Streletz, Werner (1988): Das Pittermesser. Poetische Texte in der Alltagssprache des Reviers. Neuauflage. Bochum: Edition »Wort und Bild«. Letzter Text. Auch in: Streletz, Werner (1999): Blues ausser Neemstraße. Poetische Texte in der Alltagssprache des Ruhrgebiets. Bottrop/Essen: Pomp. S. 109. (mit zwei klitzekleinen Änderungen: Franz Prczybilski und Jupp Urbanczyk)

5. *Espey* – Ein Hugenotte in Herten?

2007. Tante Anni wird beerdigt, sie ist 93 Jahre alt geworden. Beim Kaffeetrinken sitze ich neben meiner Nichte Stephanie. Wir reden über dies und das, auch über die Verwandtschaft, und plötzlich fragt sie: »Sag mal, Onkel Heinz, wir stammen doch von Hugenotten ab, oder?« Ich war baff: »Wer hat dir denn das erzählt?« – »Tante Anni.«

1962. Wie oft hatte ich die Geschichte vom Hugenotten in der Familie nicht schon gehört. Immer wieder mal wurde man an die Hausinschrift geführt, in der der Name *Esspei* vorkam. Ein *Johan Hendrich Esspei* hatte 1810 mit seiner Ehefrau *Ana Maria Kneper* ein neues Haus bezogen. Später hieß man *Espey*; und es war wohl die ungewöhnliche Schreibung des Namens, die die Phantasie nach Frankreich schickte. In einigen Familien hatte man eigens teure Atlanten angeschafft, die auch Karten in kleinem Maßstab enthielten. Und wenn jemand an der französischen Abkunft Zweifel äußerte, wurde ihm auf einer Karte der französische Ort *Espei* gezeigt. Das überzeugte jeden.

Mich nicht. 1962 war ich in der Obersekunda. Die Kirchenbücher von St. Antonius in Herten befanden sich damals noch im Pfarrbüro (heute sind sie im Bistumsarchiv in Münster), und da ich guten Kontakt zu den Geistlichen (und zur Pfarrsekretärin) hatte, durfte ich in den alten Büchern nachschlagen (»recherchieren« würde man heute sagen). Die Eintragungen zu den Familien *Menge* (ursprünglich *Mengede*, von Dortmund-Mengede), *Rietmann* und *Espey* waren schnell ermittelt, und dabei stieß ich auf die lateinische Bemerkung eines auswärtigen Pastors von 1810, der dem Hertener Kollegen versicherte, dass einer Heirat des *J. H. Esspei* aus seiner Sicht nichts im Wege stehe.

Die Bemerkung im Kirchenbuch war einem Brief dieses Pastors entnommen. Der Brief kam aber nicht aus Frankreich, sondern aus Bochum! Bei der Post ließ ich mir das Bochumer Telefonbuch geben: Es fanden sich mehr als zehn *Espey* für Bochum.

Meine »Forschungsergebnisse« hatte ich damals fein säuberlich aufgezeichnet, und zwar nicht nur einmal, sondern in mindestens acht Exemplaren. Jeder Zweig der Familie bekam ein Exemplar, und ich wartete auf Lob! Es kam keins. Keine Reaktion. Die Legende vom Hugenotten auf der Flucht, der in Herten freundliche Aufnahme fand, war wohl zu schön.

Viele Jahre später wurde mein Interesse an der Familiengeschichte aufs Neue geweckt. Mein Exemplar des Stammbaums war bei einem der vielen Umzüge, die Studium und Beruf mit sich brachten, verloren gegangen. Was lag da näher, als in der Verwandtschaft herumzufragen, ob mir nicht jemand mit seinem Exemplar aushelfen könne. Kein einziges fand sich mehr. Ich musste wieder ganz von vorne anfangen.

Was ich gelernt hatte, war, dass man gern eine schöne Etymologie (Herkunft) seines Familiennamens vorweisen möchte. Im Ruhrgebiet hört man immer wieder mal, dass die Endung »-ski« in einem polnischsprachigen Namen auf niederen polnischen Adel hinweise. Und ich merke gerade, dass ich dieser Neigung selbst unterliege, indem ich oben so nebenbei die Herkunft von *Menge* einfließen ließ. Mittlerweile sage ich nichts mehr, wenn ich was von einem Hugenotten in Herten höre. Aber die Geschichte mit der Nichte ist noch nicht zu Ende …

Tante Anni hatte bis zu ihrem Tod an den Hugenotten in der Familie geglaubt und ihr Wissen an Kinder, Enkel und Urenkel weitergegeben. Die Glaubwürdigkeit der Etymologie hatte sie aber, was ich nicht wusste, mit dem Hinweis auf die Wissenschaft beträchtlich erhöht: Nachdem Stephanie die Quelle ihres Wissens genannt hatte, sagte sie weiter: »Und Tante Anni hat gesagt, du hättest das erforscht.«

Was lernt man daraus? Man muss als Sprachwissenschaftler sehr vorsichtig sein. Wenn die Tatsache, dass man sich mit etwas beschäftigt hat, der Beglaubigung von Stereotypen dient, dann sollte ich nichts mehr zum polnischen Einfluss auf die Umgangssprache sagen. Es gibt ihn nicht, aber viele im Ruhrgebiet glauben es immer noch (siehe Kapitel 12).

Dass die alten Hertener nicht auf die Idee gekommen sind, den *Espey* in der näheren Umgebung zu suchen, mag heute verwundern. Es gibt im südlichen Ruhrgebiet ja nicht nur viele Träger dieses Namens, die Endung *-ey*/*-ei* kommt auch in vielen Flur- und Gewässernamen vor. In Bochum gibt es die Straße *Auf dem Aspei*, die Ruhr fließt durch den *Hengstey-* und den *Baldeneysee*. Aber das südliche Ruhrgebiet war auf der mentalen Karte der Menschen im Vest Recklinghausen praktisch nicht vorhanden. Es gab zwar keine sprachliche Grenze (überall wurde das westfälische Platt gesprochen), aber eine konfessionelle: Die Emscher trennte das katholische Vest Recklinghausen von der protestantischen Grafschaft Mark. Diese Grenze wurde nur einmal im Jahr überschritten, wenn man aus Herten zur Cranger Kirmes »pilgerte«. Heute spielen solche Grenzen keine Rolle mehr, heißt es. Ich bin mir da aber nicht so sicher. Man müsste einmal untersuchen, ob Menschen aus Recklinghausen nicht lieber nach Münster als nach Essen bzw. Bochum fahren, wenn sie einen Einkaufsbummel machen möchten. Das wäre viel weiter entfernt, aber die mentale Nähe wäre immer noch größer.

Wer sich heute für die Verbreitung eines Familiennamens interessiert, dem stehen, wie in Kapitel 3 schon ausgeführt, tolle Hilfsmittel zur Verfügung. Bei »geogen« erhält man für *Espey* 131 Treffer. Die entsprechende Karte zeigt die folgende Verteilung:

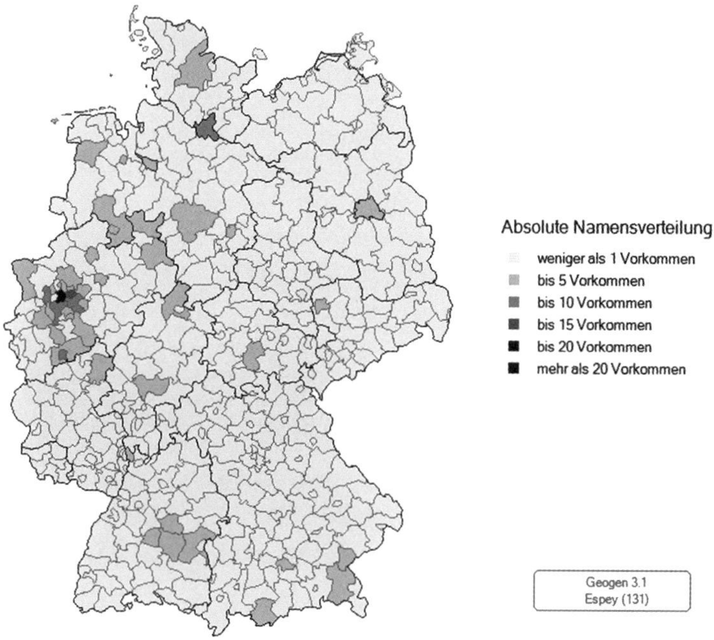

Ob die Karte, hätte man sie schon früher zur Verfügung gehabt, eine argumentative Stütze gegenüber der Verwandtschaft gewesen wäre, wage ich zu bezweifeln. Dann seien eben viele Espeys aus Frankreich nach Deutschland gekommen. Auffällig ist nur, dass es so wenige in Berlin gibt; das war ja bekanntlich ein Zentrum der Ansiedlung von Hugenotten in Deutschland.

6. Neue Namen für die Städte des Ruhrgebiets!

Sie werden es nicht glauben: Es gibt in NRW drei Städte, die »Hansestadt« heißen! Also nicht Städte, die Hansestadt sind bzw. waren, davon gibt es allein in der früheren Grafschaft Mark dreizehn – nein, Städte, die Hansestadt heißen! Das sind:

Hansestadt Attendorn
Hansestadt Warburg
Hansestadt Wipperfürth

Seit Oktober 2011 ist es für eine Gemeinde oder einen Kreis möglich, dem Namen einen Zusatz hinzuzufügen. Davon haben bis jetzt elf Gemeinden Gebrauch gemacht. Dazu musste der Rat der Gemeinde einem entsprechenden Vorschlag mit einer Dreiviertelmehrheit zustimmen, und das Ministerium für Inneres und Kommunales musste den Beschluss genehmigen. Der Zusatz war dann sozusagen amtlich![1] Ich komme auf die Hansestädte später zurück.

Wenn man einen Chinesen, der Deutsch studiert hat, fragt, welche Städte zum Ruhrgebiet gehören, wird er wie aus der Pistole geschossen als erstes Düsseldorf nennen! Während seines Studiums hat er nämlich den ominösen Satz »Düsseldorf ist der Schreibtisch des Ruhrgebiets« gehört. Leider konnte ich noch nicht ermitteln, in welchem deutschen (oder chinesischen) Lehrwerk der Satz steht. Er ist aber enorm wirkungsmächtig.

Nicht nur bei Chinesen, auch bei vielen Deutschen herrscht eine eher diffuse Vorstellung davon, was denn genau das Ruhrgebiet ist. Im Zusammenhang mit dem »Kulturhauptstadtjahr 2010« hat man vielleicht etwas von 52 Städten gehört (mit Essen 53), aber welche das sind, ist sicher weitgehend unbekannt. Man muss sie auch nicht alle kennen, aber von einer Berliner Kunstprofessorin kann man wohl verlangen, dass sie Köln nicht dazurechnet.[2]

»Ruhrgebiet« ist heute wohl die bekannteste Bezeichnung für die Region. Sie ist inoffiziell, niemand hat den Namen verliehen. Eine offizielle Bezeichnung gibt es nur im Falle des heute so genannten RVR (Regionalverband Ruhr). Bis 2004 hieß er KVR (Kommunalverband Ruhrgebiet) und von 1920, dem Jahr der Gründung, bis 1979 hieß er SVR (Siedlungsverband Ruhrkohlenbezirk). Vor einigen Jahren hörte man von Bestrebungen im Kreis Wesel und in Hagen, aus dem RVR auszutreten, die dafür notwendige Zweidrittelmehrheit in Kreistag bzw. Stadtrat wurde allerdings nicht ganz erreicht.

Neben »Ruhrgebiet« ist auch die Kurzform »Ruhr« üblich geworden. Beide Bezeichnungen sind wertfrei, was man von den meisten der anderen nicht behaupten kann: »Kohlenpott«, »Ruhrpott« oder »Pott« sind m. E. negativ besetzt, außerdem sind sie veraltet, da sie an eine Zeit erinnern, in der »die Kohlen noch durch die Luft flogen«. »Pott« ist übrigens kein Synonym für »Pütt«, es bedeutet »Topf«, während »Pütt« ursprünglich »Ziehbrunnen«[3] hieß.

Angesichts der kümmerlichen Befugnisse des RVR und angesichts des diffusen Bildes, das in Deutschland und Europa vom Ruhrgebiet herrscht, hat es immer wieder Versuche gegeben, die Einheit der Region zu stärken. Anfang 2013 wurde eine Initiative gestartet, die eben dies zum Ziel hat.[4] Sie wird sicher im Sande verlaufen, genauso wie die Versuche vorher.[5]

Um die Jahrtausendwende wurde der Versuch gemacht, die angestrebte Einheit schon mal sprachlich vorwegzunehmen. »Ruhrstadt« war in vieler Munde, und ich erinnere mich gut, wie ein kolossaler Sammelband die Vision manifestieren sollte: Auf insgesamt 4.627 Gramm brachten es die rund 50 Beiträge, von denen einer auch von mir stammt.[6] Man hatte allerdings den Eindruck, dass es sich eher um Marketing für den RVR, damals noch KVR, handelte, als dass eine einheitliche »Ruhrstadt« proklamiert werden sollte.

Zur »Ruhrstadt« gab es gleich auch ein Wörterbuch, das, wie alle Wörterbücher zur Sprache des Ruhrgebiets, durchaus seine positiven Seiten hat.[7]

»RuhrStadt« ist auch 2010 noch in Gebrauch. In einer »Denkschrift der Bürgerschaftlichen Initiative RuhrStadt« wird mit guten Argumenten gefordert, etwas für die Geschlossenheit der Region zu tun. Zu der Arbeitsgruppe, die die Denkschrift verfasst hat, gehörten etwa der 2011 verstorbene Leiter des Bochumer Instituts für soziale Bewegungen, Klaus Tenfelde, und der Bochumer Schriftsteller Wolfgang Welt.[8] An eine größere Resonanz in der Öffentlichkeit kann ich mich nicht erinnern.

Der neueste Schrei in Sachen Bezeichnung der Region ist nun »Metropole Ruhr«. Schon der Untertitel von »Ruhrstadt« war: »Die andere Metropole«. Der Ausdruck ist etwas anmaßend und wird sicher auch bald das Zeitliche segnen. Wie kann man sich selbst Metropole nennen? Die Qualität, Metropole zu sein, wird von anderen zugesprochen, außerdem ist man sich gar nicht sicher, ob es in Deutschland überhaupt Metropolen gibt. Selbst im Fall von Berlin deutete die Bundeskanzlerin jüngst leise Zweifel an.

Eine Metropole strahlt ins Umland aus. Davon kann beim Ruhrgebiet nicht die Rede sein. Man sehe sich die Absetzbewegungen der Städte im Münsterland an. In den Internetauftritten der dem Ruhrgebiet benachbarten Städte Heiden oder Borken ist von der Nachbarschaft nicht die Rede. Beide Städte sind »eingebettet in die münsterländische Parklandschaft«. Besonders absurd wird es, wenn für die »Regionale 2016« auch sieben Städte des RVR in diese »typisch münsterländische Parklandschaft« einbezogen sind (Dorsten, Haltern am See, Hamminkeln, Hünxe, Schermbeck, Selm und Werne). Das Ruhrgebiet wird nicht erwähnt.[9] Die Ausstrahlung einer Metropole sähe anders aus.

Alle politischen, aber auch die sprachlichen Initiativen kranken daran, dass sie von der breiten Bevölkerung gar nicht registriert, geschweige denn getragen werden. Impulse zur Veränderung sollten von unten kommen. Und sie sollten zunächst bescheiden daherkommen.

Ich komme nun auf die drei oben genannten Hansestädte zurück. Warum machen wir es denen nicht nach? Nein, bitte nicht Hansestadt Bottrop, aber wie wäre es mit Ruhrgroßstadt Bottrop? Die Änderung kostet wenig, sonst wären Politiker nicht auf die Idee mit dem Namenszusatz gekommen, und sie prägt sich ein. Für die Städte, die keine Großstädte sind (Witten bleibt zum Beispiel knapp darunter), würde sich der Zusatz »Ruhrstadt« anbieten, die sechs Gemeinden würden »Ruhrgemeinde« heißen.

Dann ergäben sich die folgenden neuen Städtenamen für die Angehörigen des RVR[10]:

Ruhrgroßstadt Dortmund (8)
Ruhrgroßstadt Essen (9)
Ruhrgroßstadt Duisburg (15)
Ruhrgroßstadt Bochum (16)
Ruhrgroßstadt Gelsenkirchen (27)
Ruhrgroßstadt Oberhausen (35)
Ruhrgroßstadt Hagen (41)
Ruhrgroßstadt Hamm (42)
Ruhrgroßstadt Mülheim a. d. R. (44)
Ruhrgroßstadt Herne (47)
Ruhrgroßstadt Recklinghausen (65)
Ruhrgroßstadt Bottrop (66)

Ruhrstadt Bergkamen
Ruhrstadt Breckerfeld
Ruhrstadt Castrop-Rauxel
Ruhrstadt Datteln
Ruhrstadt Dinslaken
Ruhrstadt Dorsten
Ruhrstadt Ennepetal
Ruhrstadt Fröndenberg
Ruhrstadt Gevelsberg
Ruhrstadt Gladbeck
Ruhrstadt Haltern am See
Ruhrstadt Hamminkeln
Ruhrstadt Hattingen
Ruhrstadt Herdecke
Ruhrstadt Herten
Ruhrstadt Kamen
Ruhrstadt Kamp-Lintfort
Ruhrstadt Lünen
Ruhrstadt Marl
Ruhrstadt Moers
Ruhrstadt Neukirchen-Vluyn
Ruhrstadt Oer-Erkenschwick
Ruhrstadt Rheinberg
Ruhrstadt Schwelm
Ruhrstadt Schwerte
Ruhrstadt Selm

Ruhrstadt Sprockhövel
Ruhrstadt Unna
Ruhrstadt Voerde
Ruhrstadt Waltrop
Ruhrstadt Werne
Ruhrstadt Wesel
Ruhrstadt Wetter/Ruhr
Ruhrstadt Witten
Ruhrstadt Xanten

Ruhrgemeinde Alpen
Ruhrgemeinde Bönen
Ruhrgemeinde Holzwickede
Ruhrgemeinde Hünxe
Ruhrgemeinde Schermbeck
Ruhrgemeinde Sonsbeck[11]

Ich stelle mir vor, dass sich in jeder Ruhrgroßstadt, Ruhrstadt und Ruhrgemeinde Bürgerinitiativen bilden, die Unterschriften sammeln, um den jeweiligen Rat dazu zu bringen, den Namenszusatz zu beschließen. Wer es ernst mit der Einheit des Ruhrgebiets meint, kann den Vorschlag eigentlich nicht ablehnen, die Dreiviertelmehrheit müsste also zu erreichen sein. In Solingen hat der Rat ja auch dem Namen »Klingenstadt Solingen« zugestimmt!

Nun hat, als einzige Großstadt innerhalb des RVR, Hagen schon einen Zusatz beschlossen. Der war aber nicht durchdacht. Es müsste ja, wie in Anmerkung 1 gesagt, eigentlich »Stadt der FernUniversität Hagen Hagen« heißen. Die Bürgerinitiative müsste also eine Namensänderung zum Ziel haben. Leider weiß ich nicht, ob für eine Änderung eine Dreiviertelmehrheit im Rat nötig ist. Vielleicht reicht ja schon eine einfache Mehrheit.

Strategisch gesehen wäre es vielleicht das Sinnvollste, Bürgerinitiativen würden zuerst in der Mitte des Ruhrgebiets entstehen und sich dann sukzessiv in konzentrischen Kreisen bis an die Peripherie ausbreiten. Im Zentrum würde die Zustimmung sicher größer sein als an den Rändern, so dass sich von diesem aus so etwas wie eine Sogwirkung ergeben könnte.

Wo aber ist die Mitte? Ich war selbst überrascht. Es ist mein Heimatort Herten.[12] Die Mitte liegt ungefähr da, wo die 2000 stillgelegte Zeche Ewald jetzt in eine Touristenattraktion umgewandelt

Plateau des Landschaftsparks Hoheward mit der Sonnenuhr: die Mitte des Ruhgebiets?

ist[13] und man vom Plateau des Landschaftsparks Hoheward[14] einen wunderbaren Blick auf die Umgebung hat.[15] Die Initiativen sollten also vielleicht in Herten und den Nachbarstädten Gelsenkirchen, Herne und Recklinghausen ihren Anfang nehmen.

Nachtrag: Man könnte nun einwenden, dass in vielen Städten und Gemeinden die nötige Mehrheit im Rat nicht erreicht wird. Um ehrlich zu sein: Das herauszufinden, ist der Hintergedanke dieser Initiative. Man tut immer so, als fühlten sich alle Bewohner des Ruhrgebiets als Ruhrgebietler. Vielleicht stimmt das ja nur für bestimmte Städte oder für bestimmte Schichten in den Städten. Die Diskussionen um die Namensänderung wäre da ein ausgezeichneter Seismograph. Wenn also die Bevölkerung nicht wollen sollte, dann brauchen wir auch keine Initiativen zum Zusammenwachsen der Großstädte, Städte und Gemeinden des Ruhrgebiets mehr. Wäre aber schade …

[1] Die acht anderen Städte sind: Burggemeinde Brüggen, Widukindstadt Enger, Stadt der FernUniversität Hagen, Sennegemeinde Hövelhof, Schloss-Stadt Hückeswagen, Kolpingstadt Kerpen, NRW-Klimakommune Saerbeck, Klingenstadt Solingen. Wie man sieht, sind auch zwei Großstädte dabei (Hagen und Solingen). Zur unfreiwilligen Komik einiger Zusätze will ich mich nicht äußern, die Mitglieder eines Rates werden sich bei ihrer Entscheidung schon was gedacht haben. Keinem scheint aber aufgefallen zu sein, dass Hagen eigentlich »Stadt der FernUniversität Hagen Hagen« heißen müsste, denn die Universität heißt »FernUniversität Hagen«. Zu Details des Verfahrens siehe: http://www.mik.nrw.de/themen-aufgaben/kommunales/erfolgsmodell-kommunale-selbstverwaltung/strukturen/bezeichnungen.html

[2] Siehe: http://www.derwesten.de/kultur/museumchefs-aus-nrw-treffen-in-berlin-auf-taube-ohren-id7546309.html

[3] Vgl. Schleef, Wilhelm (1967): Dortmunder [plattdeutsches] Wörterbuch. Köln: Böhlau. S. 200 f. und 204. (auch online unter http://www.lwl.org/komuna/pdf/Bd_15.pdf)

[4] Siehe: http://www.derwesten.de/politik/lammert-cdu-lobt-die-ruhr-spd-fuer-metropolen-bestrebungen-id7511602.html
Vgl. dazu auch die Einleitung.

[5] Den Überblick über die vielen Initiativen zu behalten, ist nicht leicht. Es gibt z. B. eine Initiative »Das Ruhrtal«: »Die Städte Bochum, Hagen, Hattingen, Herdecke, Wetter und Witten haben gemeinsam mit dem Ennepe-Ruhr-Kreis und dem Regionalverband Ruhr (RVR) in der Gemeinschaftsinitiative ›Das Ruhrtal‹ eine neue Form der regionalen Zusammenarbeit ins Leben gerufen. Seit dem 01.01.2005 ist der Kreis der Initiative um die Städte Dortmund, Duisburg, Essen, Oberhausen und Mülheim an der Ruhr erweitert worden.« (Siehe: http://www.staedteregion-ruhr-2030.de/cms/masterplan_ruhrtal.html) Außerdem gibt es einen sog. »Städteregionalen Kontrakt«, der so beschrieben wird: »Im stadtregionalen Kontrakt vereinbaren die Städte Duisburg, Mülheim an der Ruhr, Oberhausen, Essen, Gelsenkirchen, Herne, Bochum und Dortmund, ihre interkommunale Kooperation als Städteregion Ruhr fortzusetzen.« Mittlerweile sind auch die Großstädte Bottrop, Hagen und Hamm diesem Kontrakt beigetreten. (Siehe: http://www.staedteregion-ruhr-2030.de/cms/allgemeines_zur_staedteregion.html)

[6] Menge, Heinz H. (2000): Die Industrie geht, die Sprache bleibt. In: Willamowski, Gerd u. a. (Hrsg.): Ruhrstadt. Die andere Metropole. Essen: Klartext. S. 286-293 (650-651).

[7] Meyer, Jürgen (2001): wat is, is wat? Das Ruhrstadt-Wörterbuch. Essen: Klartext.

[8] Denkschrift der Bürgerschaftlichen Initiative RuhrStadt. Hrsg. von pro Ruhrgebiet e. V. in Zusammenarbeit mit der Bürgerschaftlichen Initiative RuhrStadt. Essen: Klartext. 2010.

[9] Siehe dazu: http://www.borken.de/de/regionale-2016.html

[10] Die Zahlen hinter den Städten geben die Position innerhalb der 80 Großstädte Deutschlands an.

[11] »Ruhrgroßstadt Mülheim an der Ruhr« oder »Ruhrstadt Rheinberg« klingen zwar auch etwas komisch, man könnte in den Namen aber auch einen gewissen Reiz sehen.

[12] Im Jahre 2012 ist als Mitte des Ruhrgebiets die Rolandstraße 49/51 in Herne-Röhlinghausen deklariert worden. Das war ein geschickter Schachzug des Herner Stadtmarketings, so geschickt, dass wohl kaum jemand gemerkt hat, dass der als Gewährsmann angeführte »Geograf Dr. Wojciech Smolarek« gar nicht existiert. Vergleiche den Artikel in der WAZ: http://www.derwesten.de/staedte/nachrichten-aus-herne-und-wanne-eickel/das-zentrum-des-ruhrgebiets-liegt-in-herne-roehlinghausen-id6572288.html. Der mit einem Grenzstein markierte Ort ist übrigens einer der unspektakulärsten im ganzen Ruhrgebiet.

[13] Vergleiche: http://www.tourismusbuero-herten.de/index.php?option=com_content&view=article&id=21&Itemid=52&lang=de

[14] Vergleiche: http://www.tourismusbuero-herten.de/index.php?option=com_content&view=article&id=200&Itemid=156&lang=de

[15] Sie können es nachprüfen. Drucken Sie eine Karte des RVR aus, schneiden Sie sie aus und legen Sie unter die vermutete Mitte einen Stift mit flacher Kappe. Wenn die Karte nicht mehr herunterfällt, liegt der Stift unter dem südlichen Herten.

Die angebliche Mitte des Ruhrgebiets

7. *ne, wol* – oder: Warum hieß Wolle *Wolle*?

Freund Peter W. aus Castrop-Rauxel berichtete einmal von einem Klassenkameraden, der den Spitznamen *Wolle* trug. Dieser Name ist an sich nicht ungewöhnlich, ungewöhnlich ist allerdings das Motiv für diese Benennung: *Wolle* hieß der Junge, weil er statt *wol* oder *ne* immer *wolne* sagte. Kleine Wörter wie *ne* oder *wol* nennen Sprachwissenschaftler »Rückversicherungspartikeln«. Man vergewissert sich, dass der Gesprächspartner derselben Meinung ist wie man selbst: *Hatter toll gemacht, ne?* Das passiert pausenlos, und somit gehören Rückversicherungspartikeln wohl zu den am häufigsten verwendeten Wörtern des gesprochenen Deutsch. Wenn manche (meist jüngere) Menschen mehrmals in einem Satz *ne* einbauen (*Ich, ne, auf ihn zu, ne, voll drauf, ne ...*), dann ist das eine Marotte, die sich im Laufe der Zeit meist von selbst verflüchtigt.

Die regionale Vielfalt bei den Rückversicherungspartikeln ist erstaunlich groß. Das kann man etwa an der Karte »nicht wahr?« in Jürgen Eichhoffs »Wortatlas der deutschen Umgangssprachen« ablesen.[1] Dasselbe zeigt sich auf der Karte »gell« des »Atlas zur deutschen Alltagssprache« (AdA)[2], wo elf Farben die verschiedenen Synonyme symbolisieren (z. B. *ge, gell, oder* und *wa*). Die Karte ist hier schwarz-weiß wiedergegeben.

Es gibt aber weitaus mehr Rückversicherungspartikeln als nur elf. Ich erinnere mich an den Beamten im Recklinghäuser Finanzamt, bei dem ich als Werkstudent die mehrfach geprüften Kassenbücher noch einmal prüfen durfte. Er erzählte oft etwas aus seiner ostpreußischen Heimat und pflegte seine Sätze mit *niwanni* oder *niwannich* zu beenden, also mit »nicht wahr, nicht«, was genauso doppeltgemoppelt ist wie *wol ne*.

Dass »Wolle« aus Castrop-Rauxel stammt, ist kein Zufall. Früher scheint die *wol/ne*-Grenze zwischen Castrop-Rauxel und

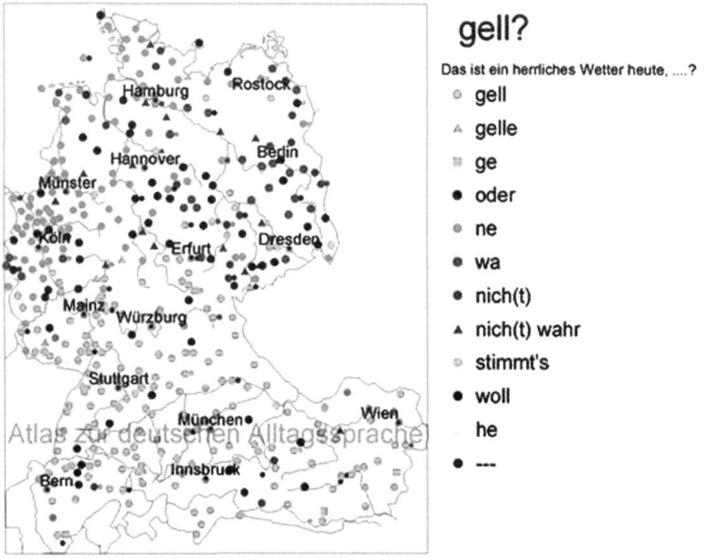

Dortmund verlaufen zu sein. Manche behaupten, die B 235 sei die Grenze gewesen. Die Anrainer hörten beide Partikeln – und wollten sozusagen sichergehen, dass sie beiden Seiten gerecht wurden. Bochum-Langendreer, das auch an der B 235 liegt, gehört ursprünglich auch zum *wol*-Gebiet. Auf dem Markt hört man von älteren Menschen auch heute noch gelegentlich ein *wol*, die jüngeren dagegen sagen ausschließlich *ne*.

Dortmund, früher auch klassisches *wol*-Gebiet, ist längst zum *ne* übergegangen.[3] Südlich von Dortmund ist es kompliziert. Es gibt Städte, für die dasselbe gilt wie für Langendreer, in anderen Städten scheint sich das *wol* durchgängig gehalten zu haben. Hier gäbe es für Linguisten noch viel zu erforschen.

Es spricht übrigens viel dafür, dass der Übergang zum *ne* mit einer unbewussten Identifizierung mit dem Ruhrgebiet zusammenhängt. Aus Hagen wird für den Gebrauch von *dat* im Alltag genau diese Identifizierung als entscheidend berichtet. Wer sich nicht als Bewohner des Ruhrgebiets fühlt, sagt *das*.

Das Dortmunder *wol* gab es schon in den alten plattdeutschen Dialekten. Zeugnis dafür ist das wunderbare »Dortmunder Wörterbuch« von Wilhelm Schleef, wo es heißt: »›woal‹ adj. adv. wohl (der häufige Gebrauch des adv. ist charakteristisch für Dortmund): …«[4]

Die Buchstabenfolge <oa> (unter das a ist im Wörterbuch noch ein Punkt gesetzt, darüber ein Halbkreis) steht für einen sog. Kurzdiphthong. Solche Kurzdiphthonge sind ein Kennzeichen des westfälischen Platt, sie haben in der Nachfolgevarietät, dem Ruhrdeutschen, keine Spuren hinterlassen, ganz im Gegensatz zur Aussprache des L. Dieses wurde im Platt und wird im östlichen Teil des Ruhrgebiets heute leicht retroflex ausgesprochen, d. h. am Gaumen artikuliert. Es gibt auch eine Aussprache des *wol*, bei der das L durch den sog. Knacklaut bzw. glottal stop [ʔ] ersetzt wird. (Vergleiche Kapitel 18.) Das ist irgendwie einzigartig.

Die nach hinten verlagerte Aussprache im östlichen Teil des Ruhrgebiets zeigt sich nicht nur beim <l>, sondern auch bei anderen Phänomenen, etwa bei der Aussprache des <g> am Ende eines Wortes. Während *Burg* normalerweise mit [ç] ausgesprochen wird, hört man in Dortmund oft die Aussprache mit [x]. Das vokalisierte R ist dementsprechend ein [ɐ], sonst ist es [ə] oder sogar [ɪ]. Die hintere Aussprache hat in Deutschland wenig Prestige, anders als etwa in den Niederlanden, wo sie normal ist. In Norwegen findet man sie im Osten, während der Westen so artikuliert, wie es in Deutschland meist der Fall ist.

Wenn die Sprache einer Region stigmatisiert wird, (Vergleiche Kapitel 16.) ist das für die Bewohner meist nicht angenehm. Man lächelt über sie. Die »Therapie« ist in diesem Fall aber relativ einfach: Man muss die Artikulation einfach weiter nach vorne verlagern. Die nach hinten verlagerte Aussprache ist vor allem durch Jürgen von Manger bekannt geworden, sie wird oft fälschlich als typisch für das ganze Ruhrgebiet angesehen. (Bei von Manger ist sie übrigens fast der einzige Regionalismus in der Aussprache.)

Es könnte sein, dass parallel zum Verschwinden des *wol* aus dem Dortmunder Raum auch die hintere (palatale) Aussprache generell zurückgeht. Das kann hier aber nur als Hypothese formuliert werden.

---

[1] Eichhoff, Jürgen (1978): Wortatlas der deutschen Umgangssprachen. Bd. 2. Karte 104 (Kommentar S. 31). Das Ruhrgebiet (RVR) ist vertreten durch die Städte Duisburg (D5), Essen (D9), Marl (D11), Bochum (D14), Dortmund (D15), Hagen (D16) und Hamm (D19).

[2] Elspaß, Stephan/Robert Möller: Atlas zur deutschen Alltagssprache (AdA). URL: www.atlas-alltagssprache.de [2003ff.]. Die Karte »gell« findet sich unter: http://www.atlas-alltagssprache.de/runde-2/f19a-b

[3] In den Wortschätzchen für Bochum und Dortmund (nähere bibliographische Angaben dazu in Kapitel 19) werden unterschiedliche Auffassungen vertreten. So heißt es bei Fellsches/Küster für Bochum:
»Wollgrenze »Der wohnt schon jenseits vonne Wollgrenze.« – im Bochumer Osten oder sogar schon in Dortmund, nämlich dort, wo das Wörtchen »woll« ständig gebraucht wird.« (Fellsches/Küster 2009, S. 295)
Bei Fellsches/Gronemann steht für Dortmund zu »woll«: »Son Garten haben is ja wat, woll? Wenn alles am blühen is und so, woll?« – sehr gebräuchliches Füllsel zur Zustimmung: soviel wie »nicht wahr«, »ist doch so«. Verneinend »wonnich« (siehe dort). (Fellsches/Gronemann 2010, S. 219).
Der Artikel zu »wonnich« ist etwas länger, soll hier aber ganz aufgeführt werden:
wonnich
»Du hast dich ganich verändert, wonnich?« – »Dat Kind is ganich gewachsen, wonnich?« – »Gezz wiadsse nich mehr kommen, wonnich?« – Aus »wohl nicht«: verneinende Form zu »woll« (siehe dort), die ebenfalls Zustimmung erwartet. Der vorhergehende Satz muss verneinend sein.
Satz einer Mutter, die ihren Kindern besseres Deutsch beibringen wollte: »Merkt euch das ein für allemal, woll, wonnich hat sich aufgehängt und gimmich (...) hängt daneben, hättn se sich nicht aufgehängt, wärnse noch am Leben.«
Ähnlich: »Gimmich hat sich aufgehangen und Leihmich hängt daneben« – abschlägige Antwort an Bittsteller. (Fellsches/Gronemann 2010, S. 219)
Ob »woll« in Dortmund wirklich »sehr gebräuchlich« ist, wage ich zu bezweifeln. »wonnich« habe ich noch nie gehört, möglicherweise ist es ähnlich zu beurteilen wie *wolne*. Man wird dem nachgehen müssen.

[4] Schleef 1967, S. 288. (Vergleiche Kapitel 6, Anm. 3.)

8. *halt, eben* und Konsorten. Oder: Es gibt keine Füllwörter!

Mein Lieblingssender ist WDR 5. Ich höre ihn sicher mehrere Stunden am Tag. Man kann sich also denken, dass ich mich spontan sehr gefreut habe, als ich in einer Sendung mitwirken sollte. Das Vorgespräch verlief zunächst auch sehr zufriedenstellend. Bis dann der Ausdruck »Füllwörter« fiel. Da kippte meine Bereitschaft, nach Köln zu fahren, zumal als Beispiele die Wörtchen *halt* und *eben* genannt wurden. Die Ehre solcher Wörter zu verteidigen, traute ich mir in der Sendung nicht zu. Prompt kam dann von Seiten eines Hörers auch das Beispiel *halt eben* (also beide Wörter kombiniert), das sei ein schreckliches Füllsel.

Nun, auf die Idee, dass es Füllwörter gibt, kann man schon kommen. Manche Zeitgenossen verwenden in jedem Satz ein *irgendwie*. Das kann einem tatsächlich richtig auf den Geist gehen. Störend ist auch ein permanentes *ne* in einer Erzählung, in jedem Satz drei bis vier *ne*, das strapaziert. Aber bei solchen Verwendungen handelt es sich um individuelle Marotten. Mit dem Wert von *irgendwie* oder *ne* hat das nichts zu tun. *ne* z. B. hat eine wichtige Funktion als »Rückversicherungspartikel«.[1]

Ähnliches gilt für *halt* und *eben*. Man kann die Funktion solcher Wörter für die alltägliche Kommunikation gar nicht hoch genug einschätzen. Nehmen wir einmal an, ein Vater sagt über den kleinen Sohn zu seiner Frau: »Der kann das nicht.« Das klingt hart. Wenn er aber sagt (und das wäre wohl das Normale): »Der kann das eben nicht!«, dann enthält der Satz Komponenten von Verständnis und Entschuldigung.

Die Bedeutung solcher Wörter (man nennt sie Modal- oder Abtönungspartikeln[2]) ist im Einzelnen sehr schwer zu beschreiben. Deshalb sind sie für Nichtmuttersprachler auch sehr schwer zu erlernen; ich denke fast, das geht gar nicht. Statt von Bedeutung spricht man vielleicht besser, wie ich eben, von Funktion oder von Leistung.

Gerade habe ich *eben* in einer anderen Bedeutung verwendet, in einer zeitlichen, also als Adverb. Das ist generell Kennzeichen von Abtönungspartikeln: Bis auf wenige Ausnahmen haben sie alle auch andere Bedeutungen. Vielleicht kann man sagen, dass diese Wörter in ihrer Verwendung als Abtönungspartikel ihre normale Bedeutung abgeben und (mitten im Satz und meistens unbetont) andere Aufgaben übernehmen.

Es gibt im Deutschen ca. 40 solcher Partikeln. Ich zähle einfach mal die auf, die sich in dem wunderbaren Buch von Gerhard Helbig »Lexikon deutscher Partikeln«[3] finden:

aber, allerdings, also, auch (mit sechs verschiedenen Funktionen), *bloß* (vier Varianten), *denn* (sieben), *doch* (sieben), *eben, eh, eigentlich* (vier), *einfach* (vier), *einmal, erst, etwa* (drei), *gar, gleich, halt, immer, immerhin, ja* (vier), *jedenfalls, mal, man, nicht* (zwei), *noch, nun, nun einmal, nur* (fünf), *ohnehin, ruhig, schließlich, schon* (sieben), *sowieso, überhaupt* (vier), *übrigens, vielleicht, wohl* (sechs)

Da staunt der Laie, aber der Fachmann wundert sich auch. Sieben Funktionen von *denn*, *doch* und *schon*? Das gibt's doch gar nicht! Doch!

Hier für jede Funktion von *doch* ein Beispiel aus Helbigs Lexikon:

> Wir wollten doch heute abend ins Theater gehen.
> So kommen wir doch zu keiner Lösung.
> Nehmen Sie doch noch ein Stück Kuchen.
> Wie heißt doch euer Hund?
> Sie trinken doch auch ein Glas Bier?
> Das ist doch die Höhe!
> Hätte er doch den Ratschlag des Arztes befolgt!

Ich denke, jede/r wird zugeben, dass die Sätze nicht konstruiert klingen. Und jede/r wird zugeben, dass es unendlich schwierig ist, die Funktion genauer zu beschreiben. Hierbei spielt der Satz-

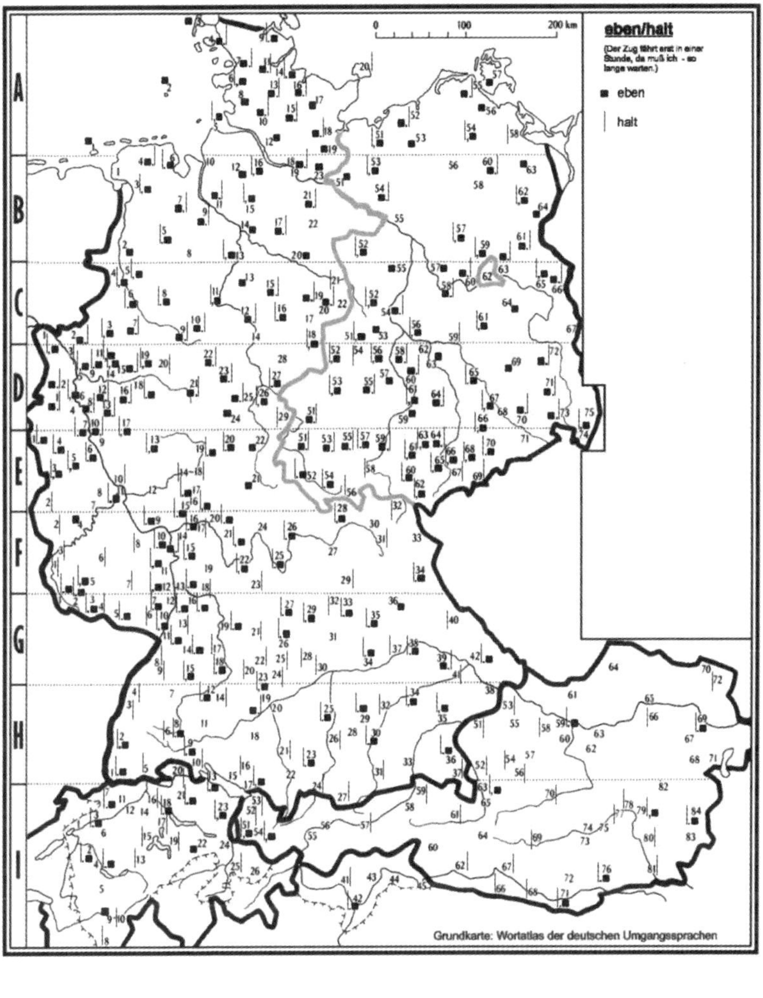

modus eine wichtige Rolle (Aussagesatz, Fragesatz, Ausrufesatz). Aber wie geht es dann weiter? Möglicherweise hilft es, sich zu fragen, welche Emotion mit im Spiel ist. Beim ersten Satz hört man sicher einen leichten Vorwurf heraus, beim zweitletzten großen Ärger.[4]

Im vierten Satz kommt einem Ruhrgebietler das *doch* etwas merkwürdig vor. Wir würden eher sagen: *Wie heißt noch euer Hund?*[5]

Das führt zu der Frage, ob nicht auch im Bereich der Abtönungspartikeln mit regionaler Variation zu rechnen ist. Es wäre ungewöhnlich, wenn es die nicht gäbe. Man muss allerdings sagen, dass sie bisher kaum erforscht ist. *man* ist sicher eher in Norddeutschland bekannt, wie auch Helbig meint (»Laß man gut sein!« ist eines seiner Beispiele.) Und *fei*, das bei Helbig gar nicht aufgeführt ist, hält man, wenn man es überhaupt kennt, für typisch bairisch.[6] Die einzigen Abtönungspartikeln, über deren regionale Verteilung man mehr weiß, sind *halt/eben* und *sowieso/eh*.[7] Hier soll jetzt nur auf *halt/eben* eingegangen werden.

Nach »eben/halt«, so der Name der Karte, hatte schon Jürgen Eichhoff in den siebziger Jahren gefragt (»Der Zug fährt erst in einer Stunde, da muß ich __ warten.« lautete der Satz in seinem Fragebogen.). Dabei ergab sich eine klassische Zweiteilung des deutschen Sprachgebiets: Der Süden sagte *halt*, der Norden *eben*. In acht norddeutschen Städten war als Zweitnennung auch *ebend* angegeben.[8]

Ein erstaunliches Ergebnis lieferte dann die Befragung durch den »Atlas der deutschen Alltagssprache« (AdA) 2001/2002: Das südliche *halt* war nach Norden gewandert, das nördliche *eben* nach Süden.[9] Für das Ruhrgebiet gilt, dass beide Abtönungspartikeln in Gebrauch sind. Das bestätigt eine erneute Befragung durch den AdA, deren Ergebnisse jüngst veröffentlicht worden sind. Dabei ist auch zu sehen, dass das im Ruhrgebiet gelegentlich zu hörende doppeltgemoppelte *halt eben* kein Einzelfall ist, auch in der Schweiz z. B. gibt es Doppelungen.[10] Sich darüber aufzuregen, lohnt sich nicht. Dann müsste man sich auch über *niwannich*, *wonnich* und *wolne* aufregen.[11]

[1] Vergleiche dazu das vorhergehende Kapitel.

[2] Der Plural wird tatsächlich mit -n gebildet.

[3] Helbig, Gerhard (1990): Lexikon deutscher Partikeln. Leipzig: Enzyklopädie. Der schmale Band ist ein Highlight germanistischer Forschung. Dagegen wird die Grammatik von Helbig, die vielhunderttausendfach vertrieben worden ist, etwas überschätzt (Helbig, Gerhard/Buscha, Joachim (2011): Deutsche Grammatik. Ein Handbuch für den Ausländerunterricht. 7. Aufl. Berlin u. a.: Langenscheidt.).

[4] Wie stark Abtönungspartikeln die alltägliche Kommunikation steuern, kann man sich am falschen Gebrauch klarmachen. Menschen mit Russisch als Muttersprache lieben *doch*: *Wir haben doch darüber gesprochen. Wir sehen uns doch morgen. Du hast das doch schon gesagt.* Nach einiger Zeit entsteht beim deutschen Gesprächspartner der Eindruck, man wolle ihm etwas. Dabei handelt es sich eigentlich nur um einen Übersetzungsfehler. Im Russischen gibt es die Abtönungspartikel *sche* (mit stimmhaftem <sch>), diese umfasst die Funktionen von *doch* und *ja*, hat also ein größeres Funktionsspektrum als das deutsche *doch*. Merkwürdigerweise wählen RussInnen im Zweifelsfall *doch*. In den Beispielsätzen wäre *ja* angebracht gewesen. Die Sätze wären dann als elegante Erinnerung an gemeinsam Erlebtes aufgefasst worden.

[5] Vielleicht ginge noch »*Wie heißt doch gleich euer Hund?*«. Das macht darauf aufmerksam, dass Partikeln oft im Doppelpack bzw. mehrfach kombiniert vorkommen. Ich kenne einen Partikelvirtuosen, der vier Partikeln in einem Satz unterbringt: »Das ist *ja nun wohl doch* die Höhe!« Kurioserweise kann man die vier Partikeln kaum umstellen!

[6] Den Hinweis auf die Karte »fei« des AdA (Elspaß, Stephan/Möller, Robert: Atlas zur deutschen Alltagssprache (AdA). URL: www.atlas-alltagssprache.de [2003ff.]) verdanke ich Robert Möller. Siehe http://www.atlas-alltagssprache.de/runde-3/f05c

[7] Vgl. die Karten 103 im zweiten und 3-36 im dritten Band des WDU (Eichhoff, Jürgen (1978/1993): Wortatlas der deutschen Umgangssprachen. Bd. 2. Bern/München: Francke, und Bd. 3. München u. a.: Saur.)

[8] Ich kenne *ebend* im Ruhrgebiet eigentlich nur als Scherzbildung. Mir ist aber versichert worden, dass viele junge Leute durchgängig *ebend* gebrauchen. (Das gilt für das mittlere Ruhrgebiet.) Zu *ebend* vergleiche jetzt auch die Karte im AdA: http://www.atlas-alltagssprache.de/ebent

[9] Siehe dazu: http://www.atlas-alltagssprache.de/wp-content/uploads/2012/05/eben-halt.jpg. Siehe die Karte auf S. 53.

[10] http://www.atlas-alltagssprache.de/halt-eben

[11] Siehe dazu das vorhergehende Kapitel.

9. *zu!* – Auch die Jugendsprache unterliegt Regeln

Morgens im Bus zur Uni. Ich sitze neben der großen Tür in der Mitte, bekomme das, was jetzt passiert, also gut mit. An der Haltestelle »Wiebuschweg«[1] verabschieden sich zwei junge Männer voneinander. Der eine steigt aus, der andere fährt weiter zur Uni. Beim Aussteigen sagt der eine: *zu*, der andere antwortet ebenfalls mit *zu*. Dabei klatschen sie sich ab.

Mein Gott, was war nur dieses *zu*? Es hat lange gedauert, bis ich dahinterkam. Klar war, dass es etwas mit Abschied zu tun haben musste. *tschüss, tschüüs, schüss, tschüsskes, tschüssikowski, tschüssing, tschau, tschö, hau rein, machs gut/machet gut, gutgehn, bis dann, bis dann und denni, adele, by, komm gut zu liegen, schönn Tach noch, noch n schönet Restwochenende*[2] usw. – das alles ist im Ruhrgebiet zu hören, aber was hat das mit *zu* zu tun?

Dann kann die Erleuchtung! *zu* war die wie ein deutsches Wort ausgesprochene Abkürzung »CU«, also für englisch »see you«. Im Deutschen wird der Buchstabe C »ze« [tse:] ausgesprochen und der Buchstabe U »uu« [u:], das ergibt zusammengesprochen »tsu« [tsu:].

Ich habe diesen Abschiedsgruß danach immer wieder mal auf dem Unigelände gehört, mittlerweile scheint er aber nicht mehr in Gebrauch zu sein. Favorit ist zurzeit wohl *hau rein*, aber es kann sein, dass auch dieser Gruß bald wieder verschwunden ist, denn das Wortfeld »Grüßen« ist einer permanenten Veränderung unterworfen, jedenfalls im Bereich der Umgangssprache.

Der Abschiedsgruß *zu* ist, wie gezeigt werden soll, ein interessantes Beispiel für die Jugendsprache generell. Auch diese unterliegt natürlich den normalen Regeln des Deutschen, man beobachtet aber immer wieder auch eine minimale Abweichung.

Zu den merkwürdigsten Eigenarten des Deutschen gehört, dass Abkürzungen da, wo es möglich ist, wie Wörter ausgesprochen werden. »Zur DASA[3] bitte hier aussteigen« lautet die Ansage in der S 1, wenn diese in Dortmund-Dorstfeld-Süd einfährt. DASA wird »Dasa« ausgesprochen, als sei es ein normales Wort.

Oft werden Abkürzungen sogar mit Absicht so gebildet, dass man sie wie ein Wort aussprechen kann: »Bafög« steht für Bundesausbildungsförderungsgesetz. Wenn die Aussprache als Wort nicht möglich ist, werden die Buchstaben einzeln ausgesprochen, »VfL« also »Fau-Ef-El«. Hätte man »Bafög« ohne das Ö gebildet, müsste es Be-A-Ef-Ge ausgesprochen werden.[4]

Die Regel schließt Abkürzungen aus dem Englischen mit ein: NATO wird »Nato« ausgesprochen, gelegentlich liest man sogar die Schreibung »Nato«.[5] Dasselbe gilt für UNO oder EPO.[6] NGO (Non-Governmental Organization) lässt sich nicht als Wort aussprechen, also spricht man die einzelnen Buchstaben.

Wie wirkungsmächtig die Regel ist, zeigt sich an Beispielen wie KFOR, das »K-For« ausgesprochen wird. Hier wird versucht, wenigstens einen Teil der Abkürzung »flüssig« auszusprechen.

Natürlich gibt es Ausnahmen. Keiner würde auf die Idee kommen, USA »Usa« auszusprechen. Bei NASA hingegen würde die Aussprache der einzelnen Buchstaben befremdlich wirken. (Auch NASA wird oft wie ein Wort geschrieben: Nasa.)

Worin besteht denn nun die Abweichung im Beispiel *zu*? Nun, die Regel für die Wortaussprache gilt nicht für Abkürzungen, die aus zwei Buchstaben bestehen. Es heißt immer »E-U«, niemand würde »Eu« sagen.[7] Die beiden Jugendlichen haben also eine Regel, die für bestimmte Fälle gilt, auf einen Fall übertragen, für den sie nicht gilt. Das ist ein typisches Verfahren in der Jugendsprache: ein kleiner Regelbruch, der meist als witzig empfunden wird. Bei *hau rein* würde die Abweichung darin bestehen, dass eine sehr umgangssprachliche Variante von »Guten Appetit« zu einem Abschiedsgruß umfunktioniert wurde.

Zurück zum Grüßen im Ruhrgebiet. Dass hier ein permanenter Wandel zu beobachten ist, ist mir zum ersten Mal Mitte der achtziger Jahre aufgefallen. Als ich mit meiner kleinen Tochter den Bäckerladen verließ, sagte eine Verkäuferin *tschüss* zu uns. Als wir draußen waren, fragte Birgit: »Papa, darf die tschüss zu dir sagen?« Sie hatte mitbekommen, dass man »tschüss« nur zu Freunden und Bekannten sagte, die Verkäuferin gehörte für sie augenscheinlich nicht dazu.

tschüss war damals erst dabei, den öffentlichen Raum zu erobern.[8] Heute ist dieser Gruß wohl die meist gebrauchte Variante im Ruhrgebiet. Es scheint aber ein Bedürfnis zu geben, den alten Gegensatz zwischen *tschüss* und *Auf Wiedersehen* mit anderen Mitteln auszudrücken: Es gibt ein *tschüss*, das z. B. in Geschäften knapp und »auf einem Ton« ausgesprochen wird; gegenüber Freunden und guten Bekannten hört man oft eine »zweitonige« Aussprache (*tschü-üs*). Dafür hat man als Deutsche/r normalerweise kein Ohr, aber wenn man sich klarmacht, dass auch ein *ja* »mit Gefälle« (also einem höheren und dann einem tieferen A) ausgesprochen werden kann, etwa wenn es etwas genervt rüberkommen soll, oder dass eigentlich zweisilbige Wörter oft zu einer Silbe zusammengezogen werden, wobei der Ton der zweiten Silbe erhalten bleibt (*Blumen* zu *Blu-m*), bekommt man vielleicht einen Eindruck davon, was eine »zweitonige« Aussprache einer einzigen Silbe ist. Im Norwegischen ist dieses Phänomen ganz normal, dort hat es sogar bedeutungsunterscheidende Funktion (*bönder* gegenüber *bönder*, also »Bauern« gegenüber »Bohnen«). Es dauert meist lange, bis ein Norwegischlerner den Unterschied hört, geschweige denn beherrscht.[9]

Was die Konkurrenz verschiedener Grüße betrifft, ist die Frage spannend, ob das »rheinische tschö«[10] auch das Ruhrgebiet erobern wird. Im Rheinland hat es sich binnen weniger Jahre

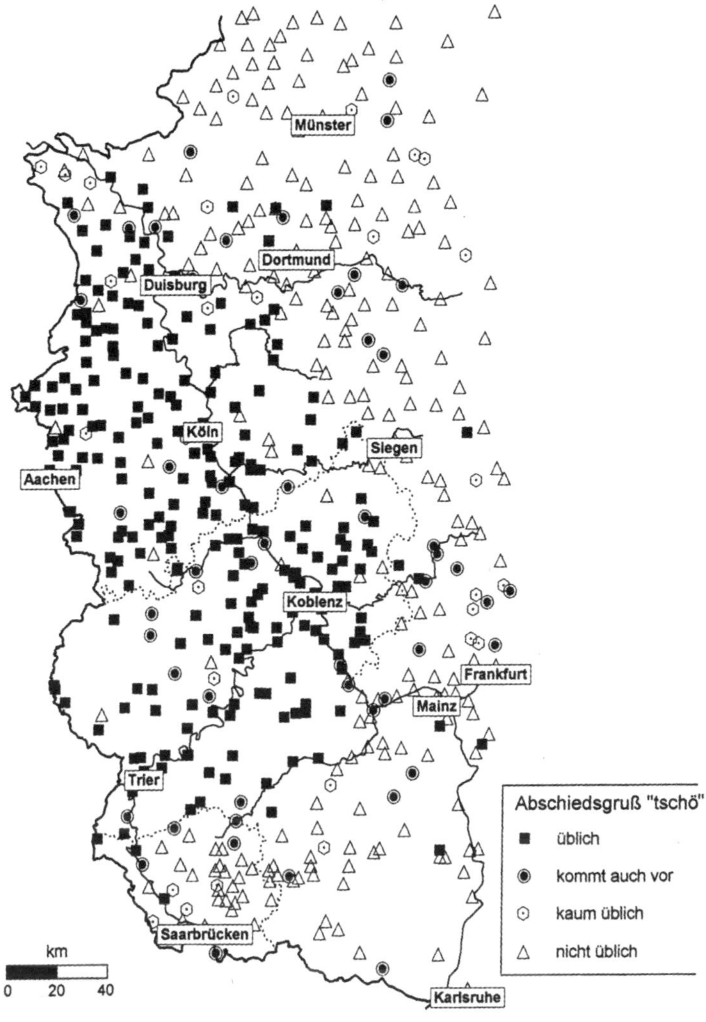

ausgebreitet. In Eichhoffs Karte »Abschiedsgruß unter guten Freunden«[11] von 1977 kommen *tschü* und *tschö* erst ganz vereinzelt vor, bei Möller ist es 2003 im Rheinland die vorherrschende Variante. Im Ruhrgebiet ist es 2003 erst spärlich vertreten, aber das kann sich ja, wie wir gelernt haben, rasch ändern.

[1] Zur furchtbaren Aussprache dieses Haltestellennamens in der Busansage siehe Kapitel 17.

[2] In letzter Zeit haben Bildungen mit »Rest-« epidemieartig zugenommen, vor allem in Grüßen, wo z. B. ein schöner »Restsonntag« bzw. »Restabend« gewünscht wird. Älteren Menschen wie mir fällt es schwer, sich daran zu gewöhnen.

[3] »Deutsche Arbeitsschutzausstellung«. Heute wird sie (unter Beibehaltung der alten Abkürzung) »Arbeitswelt Ausstellung« genannt. Sie ist im Übrigen sehr sehenswert.

[4] Dass man die Abkürzung für »Bund für Umwelt und Naturschutz Deutschland« meist als Buchstabenfolge gesprochen hört, hat sicher damit zu tun, dass es nicht zu Verwechslungen mit *Bund* für »Bundesregierung« etc. kommen soll.

[5] Diese Schreibung ist sogar in den Aussprache-DUDEN aufgenommen worden. Siehe: Mangold, Max (Bearb.) (2005): DUDEN Aussprachewörterbuch. 6. Aufl. Mannheim u. a.: Dudenverlag.

[6] Im Englischen wird EPO (Erythropoetin) getrennt, also I-Pi-Ou [ip:i:ou] ausgesprochen.

[7] Eine Ausnahme scheint EU-GH (Europäischer Gerichtshof) zu sein, das man »Eu-GH« ausgesprochen hört. Auch in EULEX oder EUFOR hört man in den Medien die ersten beiden Buchstaben meist als Diphthong »eu« ausgesprochen.

[8] Vergleiche dazu die Karte 3-45 (»auf Wiedersehen! (beim Verlassen eines Ladengeschäfts)«) bei Eichhoff, Jürgen (1993): Wortatlas der deutschen Umgangssprachen. Bd. 3. München u. a.: Saur. Das Ruhrgebiet (RVR) ist, wie in Kapitel 7 schon erwähnt, durch die Städte Duisburg (D5), Essen (D9), Marl (D11), Bochum (D14), Dortmund (D15), Hagen (D16) und Hamm (D19) vertreten.

[9] An dieser Stelle darf ein Hinweis auf das Chinesische natürlich nicht fehlen. Das Hochchinesische kennt vier Töne, regionale Varianten weisen bis zu acht Töne auf.

[10] Siehe Möller, Robert (2003): Das rheinische *tschö.* In: Rheinische Vierteljahrsblätter 65, S. 333-339.

[11] Eichhoff, Jürgen (1977): Wortatlas der deutschen Umgangssprachen. Bd. 1. München und Bern: Francke. Karte 48.

10. Von *Klockerigge* und *Neggenborn.* Früher sprach man im Ruhrgebiet Plattdeutsch

Eine der reizvollsten Ecken Bochums liegt unweit des »Hauses Langendreer«, die »Klockerigge«. Dort steht ein Ensemble von alten Fachwerkhäusern und mittendurch fließt ein Bach, der »Mühlenbach«. Die »Alte Brennerei« daneben ist zu einem attraktiven Restaurant umgebaut worden, leider steht es im Augenblick leer. Was aber ist das für ein merkwürdiges Wort: *Klockerigge*? Ob es wirklich von »Glocke« herzuleiten ist, wie Bochumer Heimatforscher zu wissen glauben, sei dahingestellt. Klar ist hingegen, dass die Endung auf das westfälische Platt verweist, ähnlich wie der Bochumer Straßenname *Am Neggenborn*, was schlicht »Am neuen Brunnen« bedeutet.

Eines der Kennzeichen des westfälischen Platt ist die sog. »Hiattilgung«. Hiat bzw. Hiatus nennt der Sprachwissenschaftler das Aufeinandertreffen zweier Vokale an Ende und Anfang zweier Silben, die getrennt ausgesprochen werden. Beispiele dafür sind »Hi-at« selbst oder »Studi-o« und die Namen »Mich-ael« oder »Hani-el«, die den Sprachtechnologen ja große Probleme bereiten. (Vergleiche Kapitel 17.) Den meisten Westfalen scheint ein Hiat nicht gefallen zu haben. Anders als »Up'm Nien Esch«, wie es in Greven heißt, sagte man also »Am Neggenborn«. Und der Familiename »Neumann« oder »Niemann« heißt in Westfalen *Niggemann.*

Das genannte Phänomen ist allerdings nicht in ganz Westfalen anzutreffen. Wie auf der wunderbaren Karte »Mundartregionen Westfalens« von Hans Taubken zu sehen ist[1] (Linie 6: Hiattilgung), liegt das Münsterland (also auch Greven) außerhalb des Bereichs. Im Ruhrgebiet gehören Bochum und Gelsenkirchen dazu, Essen, Bottrop, Gladbeck und Dorsten befinden sich jenseits der Linie (die Sprachwissenschaftler sprechen von »Isoglosse«).

Das gesamte Ruhrgebiet gehört zum niederdeutschen Sprachraum. Die Linie, die das Niederdeutsche vom Hochdeutschen trennt, die »Uerdinger Linie« (*ik/ich*-Linie), streift das Ruhrgebiet leicht im Süden.

Mitten durchs Ruhrgebiet verläuft die sog. Niedersächsisch-niederfränkische Dialektscheide (nicht zu verwechseln mit der Grenze der »Westfälischen Brechung«, die östlich von Gelsenkirchen und Bochum-Wattenscheid verläuft[2]). Demnach sind der Kreis Wesel, die Städte Duisburg und Mülheim sowie der größte Teil von Oberhausen[3] Teil des Niederfränkischen.

Dass das Ruhrgebiet eine plattdeutsche Vergangenheit hat, ist heute weitgehend in Vergessenheit geraten. Das gilt auch im Hinblick auf die Geschichte der Umgangssprache, die viele Spuren des Plattdeutschen aufweist (Kasusvertauschung, Verlaufsform, Possessivkonstruktion, Spaltungskonstruktion). Man hält sie eher für »polnisch geprägt«, (Vergleiche Kapitel 12.) als dass man an näher liegende Ursachen denkt. Wenn man Bochumer fragt, woher denn wohl Straßennamen wie *Gosefautstraße*, *Am Knüpp* oder *Op de Veih*[4] kommen, dann denken sie wohl eher an »holländischen Einfluss« als an lokale Sprachtraditionen.

Der »Untergang« des Plattdeutschen ist kein für das Ruhrgebiet spezifisches Phänomen. Er ist eingebettet in einen jahrhundertelangen Prozess, dessen Ausläufer heute Ostfriesland und Schleswig-Holstein erreicht haben. Im 16. Jahrhundert bekam das »Meißnische Deutsch« für die norddeutschen Intellektuellen Vorbildcharakter, sie sind mit Freuden zur neuen Sprachform übergegangen[5], so dass es nicht lange gedauert hat, bis Norddeutschland hochdeutsch schrieb. Im 19. Jahrhundert begann dann die breite Bevölkerung hochdeutsch zu sprechen, zuerst in und um Hannover, dann sukzessiv in weiteren Gebieten Norddeutschlands. Ein wichtiger Motor scheint dabei die Schule gewesen zu sein; die Lehrer waren der Meinung, dass das Plattdeutsche dem Erwerb des Hochdeutschen im Wege stand.

Im Ruhrgebiet fand der Übergang zur hochdeutschen Umgangssprache um die Wende zum 20. Jahrhundert statt.

Meine Großeltern sprachen von heute auf morgen mit ihren Kindern hochdeutsch, nachdem sie bei den ersten drei noch mit Platt begonnen hatten. Mein Vater, das vierte Kind, geb. 1908, konnte seine Eltern auf Platt zitieren, wenn er Anekdoten erzählte, aber ich habe ihn darüber hinaus nie Platt sprechen hören. Er hatte noch gelernt, ein plattdeutsches Zungenspitzen-R zu bilden, im Hochdeutschen gebrauchte er es nie. Es ist ein merkwürdiges

Phänomen! Warum ist das wunderschöne gerollte vordere R nicht »mitgenommen« worden? Schweizerdeutsche sprechen auf Hochdeutsch »stolz« das R ihres Dialekts!

Wie auch in Kapitel 12 erwähnt wird, war Plattdeutsch bis in die dreißiger Jahre hinein bei Bergleuten, vor allem auch bei den Steigern, zu hören. Das dokumentiert eindrucksvoll das dreibändige Werk »Der Kumpel« von Otto Dünbier (Düsseldorf 1933-36). Auch der berühmte Bergarbeiterdichter Heinrich Kämpchen ist im Platt aufgewachsen. Das merkt man seinen Gedichten kaum an. Immerhin hat er ein Gedicht auch auf Platt verfasst:

Im Bergamt

Im Bergamt säten sä binehn,
Un läggen sick dä Welt utrehn. –
Bu datt so taugönk inne Welt –
Än paa, dä hännen allet Geld,
Un Dosende, dä leten Not
Un hännen niggen Stücksken Brot.
Aff datt dann ümmer so soll sien:
Hia Öäwerflaut, doa Not und Pien?
Dä Froage stallt dä rohe Franz,
Dä annern schwegen, blos dä Mans,
Dä süss so dröge wa, fonk ahn:
Wann wie datt glöffen, wäenwe wahn!
Ne, in dä Botter esen Hoa –
Datt mäckt mi känn Pastoa mä kloa,
Datt dött so bliwen sall un moatt –
Dann hännen wi än nätten Goatt!
Boa blew dann dä Gerächtigkeit
Dä Weisheit un dä Gütigkeit
Un all dä anner schöne Saken,
Boamett hä alles gott sall maken?
Dann sägek leiwer ehnfach glatt:
Dä Härrgoatt es nu affgesatt!
Ne, Junges, selwer si wi schuld
Mett use dumme Päadsgeduld.

Watt helptet, aff wie quikt und quakt,
Wann witt nich bätter föä us makt? –
Vann nicks kömmt nicks – datt sei gitt in –
Un wätt nich insüht, hetten Pinn!
Hia schweg dä oalle dröge Mans,
Un Bifall gaff dä rohe Franz,
Dä annern säggen nicks im Krink
Un bleisen utte Mutze 'n Rink.
Aff sä watt dachen, kam nich ruht –
Üm wa dä Tiht – ätt Bergamt ruht.[6]

Wenn eine Sprache nicht mehr an die Kinder weitergegeben wird, kann man prognostizieren, wie ihr weiteres Schicksal aussieht. Vor allem im künstlerischen Bereich bemüht man sich dann darum, sie nicht in Vergessenheit geraten zu lassen. Allerdings ist der Adressatenkreis meist begrenzt, so dass – leider oft entgegen der Hoffnung der Akteure – der Erfolg ebenfalls begrenzt ist. An dieser Stelle soll aber wenigsten auf solche Bemühungen hingewiesen werden.

Der (Bochum-)Stiepeler Verein für Heimatforschung e. V. hat einen Arbeitskreis für Plattdeutsch, der sich einmal im Monat trifft.[7] Früher war er Teil des »Plattdeutschen Verbands Ruhrgebiet«, der 1951 gegründet worden war und sich 1998 aufgelöst hat. Von 1968 bis 1997 hat er monatlich »Dä Pohlbörger. Blättgen for dän Plattdütschen Verband Ruhrgebiet« herausgegeben. Ob die Bochumer »Kortebusch-Gesellschaft« noch aktiv ist, entzieht sich meiner Kenntnis. In Mülheim gibt es noch einen aktiven Plattkreis. Er hat jüngst ein Wörterbuch herausgebracht.[8]

Was die Bühne betrifft, so sind die Aktivitäten zahlreicher, als man zunächst vermuten mag. Es gibt eine »Plattdeutsche Bühne Recklinghausen« und eine »Plattdeutsche Bühne Haltern«.[9] In Bottrop-Kirchhellen fand kürzlich die Aufführung des Stücks »De Silverhochtied« statt.[10] Und in Cappenberg wurde vor nicht allzu langer Zeit ebenfalls ein plattdeutsches Stück aufgeführt.[11]

Wer sucht, findet sicher noch weitere Beispiele. Hier soll nur dokumentiert werden, dass es im Ruhrgebiet Bemühungen ums Plattdeutsche gibt. Sie werden die Sprache nicht wiederbeleben können, aber sie leisten einen Beitrag dazu, dass an die plattdeutsche Vergangenheit des Ruhrgebiets erinnert wird.[12]

Für den, der sich fürs hiesige Platt interessiert, hier noch zwei Hinweise. In Münster kümmert sich die »Kommission für Mundart und Namenforschung« des LWL[13] um das Plattdeutsche, sie hat einen sehr instruktiven Internet-Auftritt. Und das Gegenstück für den LVR ist das »LVR-Institut für Landeskunde und Regionalgeschichte«, dessen Seite im Internet ebenfalls sehr bemerkenswert ist.[14] Beide Institute beschäftigen sich auch mit den Umgangssprachen in Nordrhein-Westfalen. Schade, dass es keine den beiden Einrichtungen ähnliche Organisation im Ruhrgebiet gibt![15]

---

[1] http://www.lwl.org/komuna/pdf/mundartregionen_westfalens.pdf

[2] Unter »Westfälischer Brechung« versteht man das ungewöhnliche Phänomen, dass ursprünglich kurze Vokale zu Diphthongen werden. Das betrifft auch Namen, so heißt die Emscher im westfälischen Platt *Iemscher* – I und E werden getrennt und sehr kurz gesprochen. Auf der Karte S. 63 zeigt die punktierte Linie den Verlauf der Westfälischen Brechung.

[3] Oberhausen-Osterfeld gehört – ebenso wie der größte Teil Essens – sprachlich zum Westfälischen.

[4] Die *Gosefautstraße* ist erst 1953 so benannt worden. *Gosefaut* ist ›Gänsefuß‹. *Knüpp* bedeutet ›Knoten‹ und *Op de Veih* erinnert wie die *Voedestraße* an die ›Voede‹, den Gemeinschaftsbesitz, auf dem das Vieh weidete.

[5] Schöpper berichtet schon im 16. Jahrhundert, dass die westfälische Aussprache stigmatisiert worden ist: »Mehr dann gnugsam ist am tag vnnd vnleugbar / wie vnsere Westphälische zung oder spraach etliche vil Jar her bey allen außlendischen nationen vnd völckern / als grob vnd beurisch / verlachet / verachtet und verspiegen ist worden: also gantz / das ein Westpheling schyr eins jeden affe vnd meerwunder / seiner sprache halben / hat sein müssen.« Siehe Schöpper, Jacob: Synonyma. Das ist / Mancherly gattungen Deutscher worter / so im Grund einerley bedeutung haben. Allen Predigern / Schreibern vnd Rednern zu dienste colligiert vnd zusammen getragen. Dortmund 1550. S. a5.

[6] Siehe Kämpchen, Heinrich (1984): Seid einig, seid einig – dann sind wir auch frei. Gedichte. Hrsg. von Carl, Rolf-Peter u. a. Oberhausen: Asso. S. 44. »Im Bergamt« bedeutet: in der Pause, beim Buttern. Das Gedicht erschien zuerst in der »Bergarbeiterzeitung« vom 15.8.1896.

[7] Vergleiche: http://hvb-stiepel.de/index.php/verein.html

[8] Siehe: http://www.muelheim-ruhr.de/cms/moelmsch_platt1.html

[9] Siehe: http://plattdeutsche-buehne-re-ev.de/index.html und http://www.plattdeutsche-buehne-haltern.de/inde.html

[10] Siehe: http://www.dorstenerzeitung.de/lokales/kirchhellen/Plattdeutsches-Theater-fuehrt-neues-Lustspiel-auf;art4249,1175709

[11] Siehe: http://www.ruhrnachrichten.de/lokales/selm/Cappenberger-Schauspielschar-feierte-gelungene-Generalprobe;art931,1877645

[12] Es gibt leider nur wenige Quellen für das Plattdeutsche im Ruhrgebiet. Wer einen Eindruck von dem umfangreichen Wortschatz bekommen möchte, dem sei neben dem schon mehrfach erwähnten »Dortmunder Wörterbuch« von Wilhelm Schleef (Vergleiche Kapitel 6, Anmerkung 3.) auch die folgende Sammlung empfohlen: Raub, Julius (1988): Plattdeutsche Sprichwörter und Redensarten zwischen Ruhr und Lippe. Bearb. und hrsg. von J. R. 7. Aufl., erneut vermehrt und bearb. von Anneliese und Wolfhard Raub. Münster: Aschendorff.

[13] Siehe: http://www.lwl.org/LWL/Kultur/komuna
LWL bedeutet »Landschaftsverband Westfalen-Lippe.

[14] Siehe: http://www.rheinische-landeskunde.lvr.de/sprache
LVR heißt »Landschaftsverband Rheinland«.

[15] Vergleiche dazu das letzte Kapitel.

11. *Maloche* und andere Wörter aus dem Jiddischen

Eines meiner Lieblingswörter ist *stickum*. Ich spreche es kurz aus, es gibt aber auch die Aussprache mit langem I (*stiekum*). Warum ich es mag, weiß ich nicht so recht. Vielleicht ist es die für das Deutsche ungewöhnlich Endung *-um*. Die kommt nur bei Namen vor (Bochum, Borkum z. B.), nicht aber bei den Appellativa, d. h. im normalen Wortschatz. Vielleicht ist es aber auch die Bedeutung des Wortes: Stickum handelt jemand, der nicht mit offenen Karten spielt. Das ist im Lande der offenen Menschen sehr suspekt. Das Wort ist ursprünglich ein Adverb, man hört es heute aber auch dekliniert: »Dat is 'n ganz Stickumen!«, wobei *Stickumen* nicht etwa Akkusativ ist, sondern Nominativ.

Wie viele andere Wörter der Umgangssprache ist *stickum* aus dem Jiddischen entlehnt, besser: aus dem Deutsch der Juden, das auch viele Lehnwörter aus dem Hebräischen enthielt. Ihr Deutsch war im Prinzip das der Region, in der sie lebten, zunächst deutsche Dialekte, später auch das Hochdeutsche.[1] In der Umgangssprache des Ruhrgebiets gibt es viele jiddische Lehnwörter. Die einschlägigen Wörterbücher enthalten z. B. die folgenden Wörter[2]:

abzocken, Achiele, angeschickert, anpeezen, ausbaldowern, Bahei (Bohei, Bohé), Barras, Barthel (Wissen, wo Barthel den Most holt), Beischuk, beschickern, bestußt, Bruch und Dalles, dibbern, dufte, Gannef, Ische, Kaffer, Kahn, kappores (gehen), Katzoff, Keif(e) (auf Keife kaufen), Keiloff, Knast, koscher, lau (für lau), laulohne, Laumalocher, Laumann, Lauscheppa, Macke?, Maloche, Maschore, Massel, meschugge, Mischpoke, Osnik, paschen, Polente, Poscher, Rabatz, Reibach, Rochus (auf jmd. Rochus haben), runterseiern, Schautermann, schickern, Schickse, Schlamassel, Schmus, Schock, Schockfreier, Schore, Schote, Sonnef, stickum, Stuß, Tinnef, usselig, verkohlen, vermiesen, zocken

Man wird einige Wörter vermissen, *Kaschemme, Kies, Moos, Pleite, schofel* etwa – und vor allem *Zoff*. Das Fehlen dieser Wörter könnte damit zu tun haben, dass die Autoren der Wörterbücher den regionalen Wortschatz registrieren wollten, *Zoff* ist in Deutschland mittlerweile aber so bekannt, dass man das Wort nicht mehr für spezifisch für die Region halten konnte. Auf der anderen Seite enthält die Liste auch eine Reihe von Wörtern, die im Ruhrgebiet kaum noch jemand kennt. Das gilt wohl für *Achiele, Katzoff, Keiloff, Maschore, Osnik* oder *Schautermann.* Diese Wörter gehören auch nicht zu meinem originären Wortschatz, ich habe sie erst im Laufe meines Studiums bzw. meiner Studien »gelernt«.

Wie ausgeprägt die regionalen Unterschiede bei den Jiddismen sind, harrt noch der genaueren Erforschung. Es gibt sie aber, das sieht man etwa an dem »Urberliner Schimpfwort« *Mamser* (»das

Synonym für einen gemeinen, sich allen gesellschaftlichen Konventionen entziehenden Menschen: die Ausgeburt des Bösen«[3]), das im Ruhrgebiet niemand kennt.[4]

Auch innerhalb des Ruhrgebiets sind Unterschiede nachgewiesen worden. Den Phraseologismus (also die Redewendung) »Das ist alles Bruch und Dalles« kennt man vor allem im östlichen, dem westfälischen Teil des Ruhrgebiets. Dort beträgt der Bekanntheitsgrad bis zu 55 Prozent, am Niederrhein sind es nur um die 10 Prozent. Die Bedeutung ist: ›Das ist alles völlig wertlos‹.[5]

Dass die Entlehnungen aus dem Jiddischen so zahlreich sind, ist eigentlich erstaunlich, zumal wenn man sich vor Augen hält, wie gering die Zahl polnischer Wörter in der Umgangssprache des Ruhrgebiets ist (heute eigentlich nur noch *Matka* und *Mottek*). Übernommen wird in der Regel nur etwas, was einem Prestige bringt, was einen bestimmten Mehrwert hat. Aber worin könnte der Mehrwert dieser Wörter liegen bzw. früher gelegen haben? Auf die richtige Spur bringt uns vielleicht ein Blick in die Jahre um 1940. Ende September 1940 hat ein Mitarbeiter der von 1935 bis 1940 in Gelsenkirchen beheimateten »Forschungsstelle für das Volkstum im Ruhrgebiet«, Eberhard Franke, in einem Zeitungsaufsatz den Tagesablauf eines 16-jährigen Lehrlings sprachlich modelliert.[6] Von den 174 Wörtern und Wendungen sind 29 jiddischer Herkunft, also etwa ein Sechstel. Das sind:

Maloche, malochen, Maloche-Kluft, bestußt, verdoft, dof, Dofen, Bestußten, Stußmann, Nasser, Lauschepper, für lau, Ische, Annich, Bahei machen, achielen, pennen, pofen, diwwern, Katzoff, zocken, schickern, schmoren, Moos, Kies, Schuck, Keilauf, Oßneck, wat schmust der Oßneck

Der Aufsatz, der die Gelsenkirchener Jugendsprache beschreiben will, zeigt, dass jiddische Entlehnungen bei jungen Leuten sehr beliebt waren. Und das, obwohl (oder weil!) die Nationalsozialisten vehement gegen diese Wörter zu Felde zogen.[7]

Es gibt eine schöne Bestätigung dafür, dass jiddische Wörter um 1940 tatsächlich bei Jugendlichen in Gebrauch waren. Seiner sehr lesenswerten Autobiographie »Latscher, Pimpfe und Gestapo. Die Geschichte eines Edelweißpiraten«[8] fügt der Autor Kurt Piehl ein »Wörterbuch: Dortmund-Deutsch« [d. h. »Dortmunder Deutsch«][9] an. Die Einleitung dazu lautet:

Typische Slangausdrücke, die in der Zeit von 1943-1945 unter den Dortmunder Edelweißpiraten üblich waren. Dabei ist nicht unterschieden zwischen:

1. typischen Edelweißausdrücken
   wie Schiene Zucker, Prise (Priese?), Knecht
2. typischen Dortmunder Ausdrücken
   wie tofte, Ickemeier, Klümpitter, Maloche
3. jiddischen Ausdrücken
   wie Tacken, Raibach, Masel (Massel)
4. und von Soldaten übernommenen Ausdrücken
   wie Macker, Schinscher, Arsch zukneifen

(keine vollständige Aufstellung)

Jiddische Ausdrücke kommen nicht nur unter Punkt 3., sondern auch unter 2. und 4. vor. Sie müssen also sehr beliebt gewesen sein. Es könnte sein, dass die jungen Leute sie verwendeten, weil sie von den Nazis stigmatisiert wurden. Hinzu kommt sicherlich auch, dass ein Teil der Jiddismen nicht ganz ins deutsche Sprachsystem passt, dass sie also auffällige Abweichungen enthalten. Das betonte O in *Maloche* z. B. müsste eigentlich kurz ausgesprochen werden wie alle Wörter mit O vor <ch>. *Masel* ist ungewöhnlich, weil hier das S nach kurzem Vokal stimmhaft ausgesprochen wird. Und Wörter wie *Gannef* und *Tinnef* enthalten eine zweite Silbe, die im Deutschen sonst nicht anzutreffen ist. Und für *stickum* bzw. *stiekum* ist dasselbe ja schon eingangs festgestellt worden. Es spricht also sehr viel dafür, dass ein Großteil der vielen jiddischen Ausdrücke über die Jugendsprache in den Allgemeinwortschatz gekommen ist.

[1] »Jiddisch« meint genau genommen die Sprache der osteuropäischen Juden. Bei diesen hatte sich das mitgebrachte Deutsch zu einer eigenen Sprache entwickelt. Da mögliche Alternativen (etwa »Judendeutsch«) nicht gut klingen, ist es üblich, Jiddisch auch für das Deutsch der Juden in Mitteleuropa zu verwenden. Oft wird es Westjiddisch genannt. Das ist ein irreführender Sprachgebrauch, aber es ist schwer, dagegen anzugehen.

[2] Vgl. Lakemper, Udo/Menge, Heinz H. (1999): Nicht nur Maloche, aber ... Jiddische Einflüsse auf die Sprache des Ruhrgebiets. In: Barbian, Jan-Pieter/ Brocke, Michael/Heid, Ludger (Hrsg.): Juden im Ruhrgebiet. Vom Zeitalter der Aufklärung bis in die Gegenwart. Essen: Klartext. S. 575-600.

[3] Nachama, Andreas (1994): Jiddisch im Berliner Jargon oder Hebräische Sprachelemente im deutschen Wortschatz. Berlin: Jaron. (Seit 1994 sind weitere Auflagen erschienen.)

[4] Erst kürzlich habe ich erfahren, dass auch *stickum* nur regional verbreitet ist. Siehe: http://www.atlas-alltagssprache.de/stiekum

[5] Crede, Claudia/Lakemper, Udo: Empirische Untersuchungen zur Phraseologie im Ruhrgebiet. In: Hartmann, Dietrich (Hrsg.) (1998), »Das geht auf keine Kuhhaut« – Arbeitsfelder der Phraseologie. Akten des Westf. Arbeitskreises für Phraseologie/Parömiologie 1996. Bochum: Brockmeyer. S. 81-108, hier S. 107.

[6] F[ranke], E[berhard] Von der heutigen Gelsenkirchener Umgangssprache. Beispiele aus dem Alltag. In: Westfälischer Beobachter. Gelsenkirchener Zeitung vom 28. September 1940. Vgl. dazu Menge, Heinz H. (1998): Historisches im »Wörterbuch der Regionalsprache im Ruhrgebiet«? In: Hartmann, Dietrich (Hrsg.) (1998). S. 215-239.

[7] Das bekam auch Franke zu spüren. Sein Artikel muss derart heftige Reaktionen hervorgerufen haben, dass er vier Wochen später in derselben Zeitung noch einmal auf das Thema zu sprechen kommt (»Noch einmal »Gelsenkirchener Umgangssprache«. Woher sind die sprachlichen »Fremdkörper« gekommen?« Westfälischer Beobachter. Gelsenkirchener Zeitung vom 25. Oktober 1940). Franke nennt hier eine Reihe zusätzlicher jiddischer Ausdrücke, sichert sich aber dadurch ab, dass er die »artfremden Worte« der »ständigen Selbstkontrolle« empfiehlt, ein Aufruf also dazu, sie nicht mehr zu verwenden. Im ersten Artikel hatte er keine Bewertungen vorgenommen.

[8] Zu den »Edelweißpiraten« siehe den gleichnamigen Wikipedia-Artikel: http://de.wikipedia.org/wiki/Edelwei%C3%9Fpiraten

[9] Piehl, Kurt (1994): Latscher, Pimpfe und Gestapo. Die Geschichte eines Edelweißpiraten I. Hrsg. und mit einem Vorwort versehen von Müller, Hans. 3. Aufl. Frankfurt: Brandes & Apsel. S. 248-255.

12. Wie? *Mottek is Hammer?* Ich dachte *Zitronentee mit Bacardi*

Vor drei Jahren meldete sich in Münster nach dem Vortrag eines Kollegen innerhalb einer öffentlichen Vorlesungsreihe ein älterer Herr und meinte, das lasse er sich nicht nehmen, die Sprache des Ruhrgebiets sei polnisch geprägt.[1] Nun, das Ruhrgebiet ist sicher durch Zuwanderer mit Polnisch als Muttersprache stark geprägt worden, und wird es auch heute noch: Wer könnte sich die Dortmunder Borussia gegenwärtig ohne Jakub Blaszczykowski, Robert Lewandowski und Lukasz Piszczek vorstellen? Aber wer nach einer sprachlichen Prägung sucht, wird sich mit einer Fehlanzeige abfinden müssen. Und trotzdem: Das Stereotyp vom polnischen Einfluss auf die Umgangssprache des Ruhrgebiets ist auch heute noch weit verbreitet und wird sich sicher noch lange halten. Wie ist es dazu gekommen?

Ich denke, dafür sind zwei Faktoren verantwortlich. Einmal gibt es – zumindest in Deutschland – ein Stereotyp, das besagt: Wo viele Menschen aus anderen Regionen oder Ländern zugewandert sind, haben sie die Sprache der Einheimischen mitgeprägt. Und je gewaltiger die Zuwanderung, umso stärker der Einfluss. Zum anderen – und da sollte man sich nichts vormachen – hat man mit dem Hinweis auf den polnischen Einfluss die Umgangssprache des Ruhrgebiets diskriminieren wollen. Im Gegensatz zu allem Französischen hatte Polnisches kein Prestige; wer sich früher im Ruhrgebiet aufwerten wollte, suchte die Nähe zum Französischen oder setzte sich von Polnischem ab. Meine Großmutter, allgemein nur »Nettchen« genannt, betonte immer wieder mal, dass ihr Vorname »Antoinette« mit einem I in der Mitte geschrieben werde! Französisch ausgesprochen hat sie den Namen aber nie, das wäre wohl zu weit gegangen.

Ich will keine ollen Kamellen bringen. Aber ich habe die Diskriminierung der Polen nach dem Zweiten Weltkrieg noch miterlebt. »Rot und blau: Polackenfrau!«, so oder ähnlich lauteten die Sprüche, die damals noch in Umlauf waren. Viel beigetragen zur Überwindung von Vorurteilen hat der Fußball: Ohne Spieler mit polnischem Namen hätte sich die SpVgg Herten nie in der Spitze der Zweiten Liga West halten können. Schönbeck, Lorenz, Barwenzik, Rauchmann, Graetsch, Zeitz, Kowalski, Zeugner, Rothermund, Malinowski, Guzicki – die Mannschaft kann ich heute noch im Schlaf aufsagen. Ich glaube, wir haben gar nicht gemerkt bzw. gar nicht darauf geachtet, dass nicht alle Namen »deutsch« waren. 1963 gelang es der Mannschaft, in die neu gegründete Regionalliga aufgenommen zu werden – doch von da an ging's bergab. Was die Zahl der Zuwanderer, deren Muttersprache Polnisch war, betrifft, so ist sie von Beginn der Migration an stark übertrieben worden. Das hat im Bewusstsein der Deutschen seine Spuren hinterlassen. Ich konnte es kaum glauben, als ich in der ZEIT Ende 2011 den folgenden Leserbrief las:

> Noch ein Nachtrag zur deutschen Integrationsleistung sei erlaubt. Es sollten auch die gegenwärtig circa 4 Millionen Nachkommen jener circa 1,5 Millionen polnischen Zuwanderer erwähnt werden, die im 19. Jahrhundert wegen Arbeit ins Ruhrgebiet kamen und dort blieben. Die Nachfahren jener Zuwanderer verstehen sich heute als Deutsche, obwohl sie die polnische Herkunft ihrer Urgroßeltern nicht vergessen haben. Durch einen Blick in die Telefonbücher des Ruhrgebiets, von Duisburg bis Dortmund, wird diese Tatsache plötzlich klar. Fast zwei Drittel der Familiennamen sind polnischen Ursprungs.[2]

Da blieb mir die Spucke weg. Zwei Drittel! Aber ich will in diesem Kapitel nicht auf die Familiennamen eingehen (siehe dazu die Kapitel 3 und 4), sondern dem nachgehen, warum der polnische Einfluss für so groß gehalten wird. Dazu haben übertriebene Zahlen (1,5 Millionen, das ist das Dreifache der tatsächlichen Zuwanderung!), aber auch Schilderungen wie die folgende beigetragen:

Geht man in den Orten Buer, Bruch[3], Herten, Castrop, Bottrop, Erle, Gladbeck, Borbeck, Schalke, Oberhausen, Stoppenberg, Caternberg, Recklinghausen, Herne, Eickel, Riemke, Wattenscheid, Marten, Crange bei Schichtwechsel oder an den zahlreichen katholischen Feiertagen, welche die Polen noch durch eine Reihe speziell polnischer Feste zu vermehren wissen, durch die Straßen, so schlagen einem nur ganz vereinzelte deutsche Worte ans Ohr, dagegen hört man allerwärts die Zischlaute der polnischen Sprache.[4]

Die »Zischlaute der polnischen Sprache«: Diese Redeweise gehörte zum Arsenal, wenn man die Zuwanderer diskriminieren wollte. Nein, von Integrationsleistung – wie oben im Leserbrief – kann im Falle dieser Zuwanderer nicht gesprochen werden. Sie sind eher zu einer völligen Anpassung gezwungen worden. Im Übrigen sei auch an dieser Stelle darauf hingewiesen, dass DIE Polen sich aus mehreren Gruppen zusammensetzten: z. B. aus Katholiken aus der Provinz Posen, Katholiken aus der Provinz Ostpreußen (südliches Ermland), Protestanten aus der Provinz Ostpreußen (Masuren), weitere polnischsprachige Zuwanderer aus der Provinz Schlesien. In Gelsenkirchen-Schalke wohnten vornehmlich Protestanten aus Masuren, die sich als Preußen fühlten. Man stelle sich vor, wie ihnen zumute war, wenn sie im Ruhrgebiet zu den Polen gerechnet wurden (siehe dazu die genannten Kapitel 3 und 4).

Nun zurück zum sprachlichen Einfluss der »Polen« auf die Umgangssprache des Ruhrgebiets. Angesichts der massiven Diskriminierung der Zuwanderer ist von vornherein gar nicht zu erwarten, dass dieser Einfluss einen größeren Umfang gehabt haben könnte. Man übernimmt nur dann etwas, wenn man den Eindruck hat, es bringe einem Prestige. In dieser Situation hat eigentlich nur dann ein Wort oder ein Ausdruck aus einer Sprache ohne Prestige eine Chance, übernommen zu werden, wenn man sich über etwas lustig macht. *Matka* ist in der Umgangssprache des Ruhrgebiets sicher nicht fest geworden, weil man ein weiteres Wort für ›Mutter‹ schön fand, sondern weil damit ein besonderer Typ ältere Frau bezeichnet wurde. Und *Mottek* (›Hammer‹; im Ruhrgebiet und vorher vielleicht schon in Schlesien ohne das vokalisierte L (geschrieben < ł >, gesprochen [ɫ])) verdankt das Überleben vielleicht dem auffälligen Klang.

Matka und *Mottek* sind die einzigen Wörter aus dem Polnischen, die heute noch gebraucht werden bzw. die heute noch bekannt sind. Viele jüngere Menschen kennen allerdings auch die nicht mehr. Doch halt, ich muss genau sein! *Mottek* ist bei einigen Jugendlichen als Mixgetränk bekannt: Zitronentee mit Bacardi. Ob die hammermäßige Wirkung schon unmittelbar nach der Einnahme des Getränks oder erst am nächsten Tag eintritt, weiß ich nicht. *Mottek* in dieser Bedeutung ist aber wieder ein schönes Beispiel dafür, wie die Jugendsprache so arbeitet.

Inwieweit in Teilen des Ruhrgebiets noch weitere Wörter und Ausdrücke aus dem Polnischen bekannt sind bzw. gebraucht werden, ist schwer abzuschätzen. Die populären Wörterbücher zur Umgangssprache verzeichnen einiges. Vielleicht kennen Sie, geneigter Leser, geneigte Leserin, ja etwas davon und teilen mir mit, wo man diese Wörter kennt bzw. gebraucht. Hier eine Aufstellung der möglichen Kandidaten.[5] (Die Ziffern beziehen sich auf die Liste der Wörterbücher in Kap. 19: (1) ist das von Claus Sprick, (2) das von Werner Boschmann, (3) das von Hilde Neuhaus und (4) das von Helga Kanies; die Wörterbücher der Mayerschen Buchhandlung sind hier noch nicht berücksichtigt.)

dobsche (1-4): gut, prima, astrein;
pitschen (1-4): sich genüsslich betrinken;
Penunsen (1,3), pinunsen (2,4): Geld
Schisskojenno (1,2,4): völlig egal;
Duppa (2,3): Po ; Pinkatsch (2,4): Kinderspiel (Münzwerfen);
Sinnek (3), Zinnek (4): kleiner Junge; Säugling; Kossa (3): Ziege;
Piez (1): weibliche Brust; podzeimeduppa (2): Du kannst mich mal!;
peronnje (2): Ausruf des Erstaunens; Geikas (3): Eier

Hier soll noch die Überlegung angestellt werden, ob die stigmatisierende Redeweise vom polnischen Einfluss nicht in (vermeintlich!) guter Absicht verwendet worden ist. Ich erinnere mich noch an den Spruch: »Dat und wat ist polnisch Platt!« Es könnte sein, dass Lehrer die spezifischen Merkmale der Umgangssprache des Ruhrgebiets als »polnisch« diskriminiert haben, um sie den Schülern »auszutreiben«. Diese Merkmale standen in ihren Augen sozusagen dem richtigen Hochdeutsch im Wege. *Et ist am rechnen, unser Omma ihr klein Häuschen, du blöden Seeger* und vor allem die Kasusvertauschung werden in den Ohren der Lehrer nicht gerade schön geklungen haben. Man wird ihnen kaum einen Vorwurf machen können, denn die Einsicht, dass jede/r über mehrere Register bzw. Varietäten verfügt, die sich nicht unbedingt gegenseitig beeinflussen müssen, ist selbst heute noch nicht allgemein verbreitet. Irgendwie ist es paradox: Man meint es gut, greift aber zu den falschen Mitteln. Doch auch und vielleicht gerade für den Bereich der Sprache gilt, dass der Zweck die Mittel nicht heiligt. Es gibt zu viele Kollateralschäden.

---

1 Ich verdanke diesen Hinweis Dirk Hallenberger, der bei dem Vortrag anwesend war. Der Vortragende war René Schiering. Vergleiche auch den Bericht in den »Westfälischen Nachrichten«: http://www.wn.de/Welt/Kultur/2010/05/Kultur-Nachrichten-Ich-geh-im-Zoo.

2 Siehe: DIE ZEIT Nr. 45/2011 vom 3.11.2011. S. 93.

3 Das ist das spätere Recklinghausen-Süd.

4 [Schaper, Ernst/Einecker, Oskar] (1901): Die Polen im Rheinisch-westfälischen Steinkohlen-Bezirke. München. S. 54. Vgl. dazu Menge, Heinz H. (1979): Einflüsse aus dem Polnischen im Ruhrgebiet? In: Niederdeutsches Wort 19, S. 86-116. (Auch in: Mihm, Arend (Hrsg.) (1985): Sprache an Rhein und Ruhr. Stuttgart: Steiner. S. 223-244 und Tabelle S. 162.).

5 Sie ist zuerst erschienen in: Lakemper, Udo/Menge, Heinz H. (1999): Nicht nur »Maloche«, aber … Jiddische Einflüsse auf die Sprache des Ruhrgebiets. In: Barbian, Jan-Pieter u. a. (Hrsg.): Juden im Ruhrgebiet. Vom Zeitalter der Aufklärung bis in die Gegenwart. Essen: Klartext. S. 575-600 (576).

13. *Da kommt Leon! – Da kommt der Leon!* Was ist richtig?

In diesem Kapitel geht es um den Gebrauch des Artikels. »Ja, der ist schwierig: *der Band, das Band.* Und es gibt ja auch noch *die Bande* oder *die Band.* Wie soll ein Ausländer das hundertprozentig lernen.« Dieses Problem ist hier aber gar nicht gemeint! Der Reflex ist allerdings typisch. Wenn sie Artikelgebrauch hören, denken viele an Genus (Geschlecht). Dies wird mit Artikelgebrauch aber gar nicht bezeichnet, sondern der Gebrauch des bestimmten Artikels (*der/die/das*), des unbestimmten Artikels (*ein/eine/ein*) und des sog. »Nullartikels«.[1] Diesen Gebrauch als Nichtmuttersprachler zu beherrschen, ist noch weitaus schwieriger, als das Genus zu lernen. Wer in seiner Muttersprache den Artikel nicht kennt, kann da manchmal verzweifeln.[2]

Doch auch Muttersprachler sind sich nicht immer sicher. Als ich mit meinem Sohn über den Artikelgebrauch bei Vornamen sprach, sagte ich: »Du hast dich am Telefon doch auch immer mit »Hier ist der Dag« gemeldet«. – »Ja, aber ich war mir nie hundertprozent sicher, ob das richtig war.«

Wie sieht denn nun der Artikelgebrauch bei Vornamen aus? AusländerInnen lernen im DaF-Unterricht, dass ein Vorname ohne Artikel gebraucht wird. Verwende man ihn, so sei das abwertend gemeint. Ich habe oft in erstaunte Gesichter geblickt, wenn Chinesen im Ruhrgebiet feststellten, dass jemand einen anderen (vermeintlich) herabsetzte, indem er etwa von »dem Stephan« sprach. Dabei waren das doch gute Freunde! In der Tat heißt es in der letzten Ausgabe der DUDEN-Grammatik: »Bestimmte Eigennamen stehen standardsprachlich gewöhnlich ohne Artikel.

> - Personennamen (siehe aber ↑398):
> Dorothee dachte an Joachim. Johann Wolfgang von Goethe wurde am 28. August 1749 geboren.«[3]

In Paragraph 398 wird auch auf die Abwertung hingewiesen:

> »Zuweilen drückt der Artikel Abwertung oder Distanz aus.«[4]

Das Beispiel, das dann folgt, enthält dann aber keinen Vornamen, sondern einen Familiennamen (*der Schiller*).

An Abwertung oder Distanz glaube ich nicht. Der DUDEN schränkt selbst ein: »Dieser Gebrauch dürfte nur noch dort seine Wirkung entfalten, wo sonst der artikellose Gebrauch vorherrscht:« – Dann folgt das genannte Beispiel.[5]

Aber was heißt das? Wo herrscht der artikellose Gebrauch denn vor? Der DUDEN gibt nur einen vagen Hinweis:

> »In der gesprochenen Sprache (↑2030) breitet sich im Bereich der Personennamen der primäre Artikelgebrauch auf Kosten der Artikellosigkeit aus, offenbar sowohl von Nordwesten als auch von Süden her. Vom Mündlichen her findet dieser Gebrauch Eingang in die schriftgebundene Kommunikation, etwa in Internetforen (↑2030):
> Hallo, ihr! Ich bin die Susanne, bald Physikstudentin an der RWTH und suche ein Zimmer zum 1.9.04.«[6]

Einer der Vorzüge der letzten Auflage der DUDEN-Grammatik besteht darin, dass sie ein eigenes Kapitel zur »Gesprochenen Sprache« enthält (§§ 1954-2097).[7] Hier werden auch die oben aufgeführten Bemerkungen zum Artikelgebrauch wieder aufgenommen:

> »Artikelwörter[8] in Verbindung mit einem Eigennamen
> In der gesprochenen Sprache ist zunehmend die Verwendung von Eigennamen zusammen mit einem Artikelwort zu beobachten: *Da kommt der Hans. Die Frau Schwarz hat das schon erledigt. Dieser Meier hat es doch tatsächlich geschafft, den Auftrag zu bekommen.*
> Lediglich, wenn Eigennamen zur direkten Adressierung (↑2051) verwendet werden, ist ein solcher Gebrauch nicht möglich *(*der Peter, gib mir mal die Butter).*
> Wird der Eigenname hingegen zur Referenz auf Personen (sowohl auf anwesende wie auch auf abwesende) verwendet, so

ist dies mit oder ohne Artikelwort möglich *(Peter/der Peter hat schon wieder die Butter mit Beschlag belegt).*
In informellen Situationen ist auch die Referenz auf die eigene Person (vor allem bei Vorstellungen) mit einem Artikelwort möglich: *Ich bin der Heiner.* Die Verwendung des Artikels präsupponiert, dass die betreffende Person den Gesprächsbeteiligten bekannt ist, signalisiert eine vertrautere Beziehung zu dieser Person und hat einen stärker hinweisenden Charakter als die einfache Verwendung des Namens. In vielen Regionen überwiegt die Personenreferenz mit Artikelwort.«[9]

So erfreulich die Berücksichtigung der gesprochenen Sprache in der DUDEN-Grammatik ist, im Falle des Artikelgebrauchs bei Vornamen zeigen sich drei Probleme:

- Es macht einen Unterschied, ob es sich um den Artikel im engeren Sinne oder um ein Artikelwort (im Beispiel oben *dieser*) handelt. Im Übrigen ist die Verwendung der Terminologie uneinheitlich, im vorderen Teil der Grammatik ist immer nur von Artikel die Rede, Artikelwort kommt dort gar nicht vor.

- »Abwertung und Distanz« werden nur behauptet.

- Die Angabe der Regionen ist sehr vage (»sowohl von Nordwesten als auch von Süden her«, »viele Regionen«) und leider auch nicht weiter belegt.

Dabei weiß man Einiges über den Artikelgebrauch bei Vornamen im deutschen Sprachgebiet. Im vierten Band von Eichhoffs »Wortatlas der deutschen Umgangssprachen« aus dem Jahr 2000 gibt es die Karte »die Verwendung des bestimmten Artikels bei Personennamen« (4-76).[10] Sie basiert auf der Frage »Ist ___ Ruth krank?« Die Karte bietet ein ganz eindeutiges Ergebnis: Der Süden verwendet den Artikel »immer« oder »oft«, der Norden »manchmal« oder »nie«. Das Ruhrgebiet liegt an der Schnittstelle: keinmal ist »immer« angegeben, meistens »oft«, gelegentlich »manchmal« und selten »nie«.

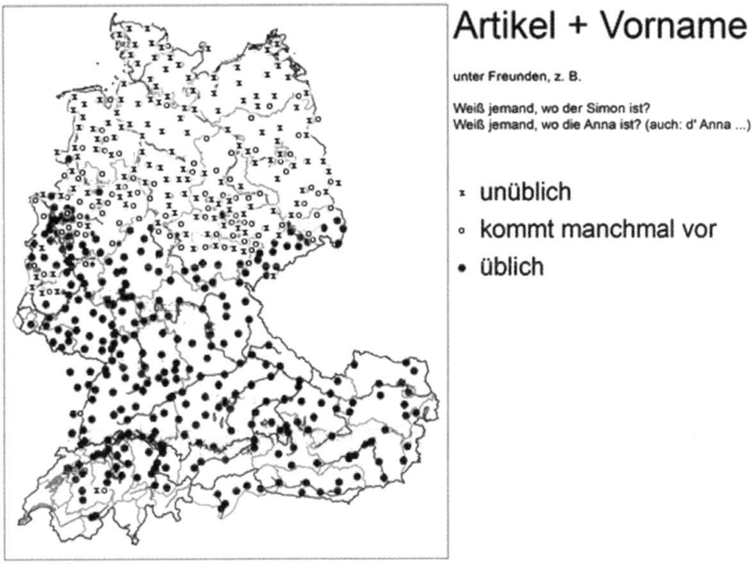

Noch genauere Ergebnisse gab es schon 1990. Da erschien Bellmanns »Pronomen und Korrektur«.[11] Bellmann hatte 1987 und 1988 in 24 Städten der Bundesrepublik und der DDR in Straßeninterviews (acht bis 15 pro Stadt) gefragt, ob die Informanten in acht Testsätzen den Artikel vor Vornamen (der Name war immer »Peter«) verwendeten oder nicht. Das Ruhrgebiet war durch Duisburg vertreten. Das Ergebnis ist sehr interessant. Der gesamte Süden Deutschlands gebraucht nahezu durchgängig den Artikel, der Norden viel seltener (in Bremen in sieben von acht Testsätzen nicht). Duisburg liegt zwischen den beiden Gebieten, tendiert aber eher zum Süden hin.[12] Das bedeutet, dass »der Peter« im Satz »Sieh mal, dort kommt der Peter« (Testsatz 6) im Ruhrgebiet »unmarkiert« (d. h. nicht bewertend) ist.

Leider sind diese wichtigen Ergebnisse von Bellmann kaum bekannt geworden, auch unter Linguisten nicht. Sonst sähe zum

Beispiel die Darstellung in der DUDEN-Grammatik viel differenzierter aus. Zur Bekanntheit hat leider auch nicht der Abdruck der Karte im weit verbreiteten »dtv-Atlas Namenkunde« beigetragen, der bereits in fünfter Auflage erschienen ist.[13]

Jüngst sind auch im Rahmen des »Atlas zur deutschen Alltagssprache« (AdA) zwei Karten zum Artikelgebrauch vor Vornamen veröffentlicht worden.[14] Sie bestätigen praktisch die Ergebnisse bei Bellmann. Es scheint aber so zu sein, dass die Artikellosigkeit (der »Nullartikel«) allmählich abnimmt. Allerdings muss man sich vor Augen halten, dass Bellmann »nicht die so genannten umgangssprachlichen, sondern die standardnahen sprechsprachlichen Regularitäten der Artikelverwendung vor Vornamen [...] erkunden« wollte.[15]

Also, liebe Besucher und Besucherinnen des Ruhrgebiets, seien Sie Norddeutsche, seien Sie AusländerInnen: Sie können beruhigt sein, der Artikel vor einem Vornamen ist neutral, er wertet den Träger des Namens nicht ab!

[1] Der Terminus »Nullartikel« ist eine etwas paradoxe Wortbildung. Manchmal hört man sogar Lehrersätze wie »Hier setzt man den Nullartikel.« Natürlich kann man den Nullartikel nicht setzen, aber der Terminus hat sich im DaF-Unterricht durchaus bewährt.

[2] Das betrifft z. B. Russinnen und Russen. Sie greifen gern zum bestimmten Artikel: »Im Ruhrgebiet leben die freundlichen Menschen« statt »Im Ruhrgebiet leben freundliche Menschen«. Der Artikelgebrauch ist auch für DeutschlehrerInnen eines der kompliziertesten Kapitel der Grammatik.

[3] Barz, Irmhild u. a. (2009): Duden. Die Grammatik. Hrsg. von der Dudenredaktion. 8., überarb. Aufl. Mannheim u. a.: Bibliographisches Institut. S. 299.

[4] Ebda. S. 301.

[5] Ebda.

[6] Ebda.

[7] Ebda. S. 1165-1244.

[8] Unter »Artikelwörtern« versteht der DUDEN nicht nur den Artikel im engeren Sinne, sondern z. B. auch Possessiv-, Demonstrativ- und bestimmte Interrogativpronomen. Dafür gibt es gute Gründe, weil diese Wortarten viele Gemeinsamkeiten aufweisen. Außerhalb der Linguistik ist dieser Terminus aber nur schwer zu vermitteln.

[9] Ebda. S. 1214 f.

[10] Eichhoff, Jürgen (2000): Wortatlas der deutschen Umgangssprachen. Bd. 4. Bern/München: Saur.

[11] Bellmann, Günter (1990): Pronomen und Korrektur. Zur Pragmalinguistik der persönlichen Referenzformen. Berlin/New York: de Gruyter. Darin Kap. 5.7.4: Der Vornamenartikel in der standardnahen Sprechsprache der Gegenwart (S. 273-281).

[12] Vgl. Karte 10 bei Bellmann (S. 274).

[13] Kunze, Konrad (2004): dtv-Atlas Namenkunde. Vor- und Familiennamen im deutschen Sprachgebiet. Mit 115 Abbildungsseiten in Farbe. 5. Aufl. München: Deutscher Taschenbuch Verlag. (= dtv. Bd. 2550.) Die erste Auflage erschien 1998. Kunzes Atlas gehört ebenfalls zu den Highlights der Germanistik.

[14] Siehe: http://www.atlas-alltagssprache.de/artikelvorname. Siehe die Karte auf S. 81

[15] Bellmann 1990, S. 275.

14. *Dat is ja 'n Dingen!* Von Kontraktion und Klitisierung

Eigentlich neigt die gesprochene Sprache zu Verkürzungen. *ein* wird zu *'n*, *eine* zu *'ne*, *einem* kann zu *'nem*, *einer* zu *'ner* verkürzt werden. Solche Verkürzungen können von Region zu Region sehr unterschiedlich sein. Was in Köln üblich ist, geht in Essen noch lange nicht.[1] Wie aber kommt es zu einer Erweiterung wie in *Dingen*?

Was Verkürzungen betrifft, so ist die sprachwissenschaftliche Terminologie sehr uneinheitlich. Vielleicht sollte man zunächst zwischen Kontraktionen und Klitisierungen unterscheiden.

Bei einer Klitisierung wird an eine unveränderte Basis der Rest einer unbetonten Silbe angehängt, meistens hinten, selten vorne. *Nabend* wäre ein Beispiel für eine Proklise, Enklisen sind ungleich zahlreicher: *aufs, aufn, aufm, aufner, mitnem, mitner, mittem, mitter*. Ja, da wird einem ganz schwindelig!

Bei einer Kontraktion wird auch die Basis verändert. So wird *glauben wir* zu *glaumwa*. Auch drei Wörter können zu einem zusammengezogen werden: *haben wir ihn* kann als *habenwirn, habenwan, habnwan, hamwan* und vielleicht sogar *hamman* vorkommen.[2]

Wenn einzelne Wörter verändert werden, sprechen Sprachwissenschaftler in der Regel nicht von Kontraktion, sondern von Elision, Apokope und Synkope. Es spricht aber viel dafür, in bestimmten Fällen auch Kontraktionen anzusetzen. Der Grund ist die Intonation. Wenn *glauben* zu *glaum* wird oder *Blumen* zu *Blum*, dann gehen die beiden Töne des zweisilbigen Wortes auf das einsilbige über.[3] Die Basis ist also (auf überraschende Weise) verändert.

Auch Kontraktionen (Verschmelzungen) sind bei der Kombination Präposition und Artikel sehr häufig: *aum* (aus *aufm*) oder *mipm/mim* (aus *mitnem/mitm*). Da wird einem noch schwindliger.

Oft hat man die Wahl, ob man die sog. Vollform oder die Verkürzung wählt. In vielen Redensarten sind die kurzen Formen aber fest geworden: *jemandem aufs Dach steigen* ist etwas anderes als *jemandem auf das Dach steigen*. Hier hat man also keine Wahl.

In der Standardsprache gibt es starke Restriktionen, was die Bildung von kontrahierten Formen angeht. So kann eine Präposition hier nur mit dem bestimmten Artikel kombiniert werden: *ans* ist aus *an das* entstanden, *im* aus *in dem*.

In der Umgangssprache sind die Möglichkeiten zahlreicher. Hier können Präpositionen auch mit dem unbestimmten Artikel eine Verbindung eingehen: *inner* aus *in einer*, *innem* aus *in einem*.

Gelegentlich fallen die Formen, die aus Präposition und bestimmtem bzw. unbestimmtem Artikel gebildet werden, zusammen. *inner* z. B. kann sowohl *in der* als auch *in einer* meinen. Da behilft sich dann der Volksmund mit einem einfachen Trick: Statt *Wir warn ma inner Kneipe* sagt er dann *Wir warn ma in sonner Kneipe*. Genial, nicht wahr?

Der bekannte Autor Werner Streletz (geb. 1949 in Bottrop) verwendet in seinen »Texten in der Alltagssprache des Reviers« viele Kontraktionen. Das reicht aus – in Verbindung mit der Wiedergabe von Aussprache-Eigentümlichkeiten –, um das besondere Flair der Umgangssprache des Ruhrgebiets zu erzeugen. Auf syntaktische Eigenarten kann er da völlig verzichten.[4] Hier folgt ein Beispiel:

> <u>Blum</u>
> Manchma
> <u>kaufich</u> <u>Blum</u>
> und ne Pulle Sekt
> <u>Wennich</u> dann <u>durche</u> Straßen geh
> <u>glaum</u> die Leute
> ich hätt n Rendezvous
> Dat tut gut

Happich aber nich
Zuhause stell ich die Blum inne Vase
Mit jeder vatrockneten Blume
die ich wegschmeiß
geht die Illusion flöten
N Rendezvous gehabt zu haem
Die letzte Blume schmeiß ich meist weg wennich schon n paar getrunken hab
Dann tutet nich so weh

Man möge mir verzeihen, dass ich in einem poetischen Text Stellen unterstrichen habe: Alle unterstrichenen Wörter stellen Kontraktionen dar!

Die Form *glaum* soll jetzt zum Anlass genommen werden, ein Paradigma von kontrahierten bzw. klitisierten Formen aufzustellen, anders gesagt: das »Verb mit Anhang« im Präsens zu konjugieren; der Anhang ist das jeweilige Personalpronomen:

glaubich
glaupse
glaupter, glauptse, glauptet
glaumwa
glaupter
glaumse

Das A in *glaumwa* wird kurz ausgesprochen. Hier versagt die Möglichkeit, gesprochenes Deutsch mit den Mitteln der Schriftsprache wiederzugeben, denn ein Vokal am Ende einer Silbe (außer -e) wird in der Regel lang ausgesprochen – wie in *Buddha* oder *Pisa*. Im Ruhrgebiet geht das bei *glaumwa* nicht, in Berlin möglicherweise ja. Auch *Mutter* bzw. *Mudda* wird mit kurzem A ausgesprochen. Man brauchte eigentlich ein eigenes Zeichen für unbetontes kurzes A, am besten auch eins für unbetontes E. Und vielleicht sogar noch eins für Kurzdiphthonge wie in *glaupter*. (Der Kurzdiphthong [ɛa] für <er> wird oft zu kurzem A verkürzt.) Dass es sich bei der Aussprache von <-er> wirklich um einen Kurzdiphthong handelt, sieht man bei den Vorsilben (Präfixen) *ver-* oder *zer-*. Die Aussprache von <-er> als A oder E wäre sehr ungewöhnlich. Nein, es sind tatsächlich zwei Vokale!

Dass es bei Kontraktion und Klitisierung regionale Unterschiede gibt, weiß man natürlich. In Berlin wäre eine Form wie *glaupse* nicht möglich, dort müsste es *glaubste* heißen. Es fehlt aber eine genauere Darstellung der Verhältnisse im deutschen Sprachraum.

Auch beim schnellen Schreiben nutzt man oft die Möglichkeit zu verkürzen. Allerdings geht das selten so weit, wie in dem folgenden Beispiel, in dem eine Mutter der Lehrerin zur Entschuldigung, dass sie nicht zum Elternabend kommen könne, einen Zettel zukommen ließ: *Ich hatte kein Bein klein.* Dass das *Ich hatte keinen bei den Kleinen* heißen soll, erschließt sich nicht sofort, aber die Kontraktionen der gesprochenen Sprache werden hier eigentlich sehr gut wiedergegeben!

Nun zu »Dingen«. Das Beispiel in der Überschrift kennt sicherlich jeder. Vor allem durch Jürgen von Manger scheint es bekannt geworden zu sein. Aber wie kommt es zu dieser merkwürdigen Form, die zur Deklination des Substantivs überhaupt nicht passt?

Es handelt sich um ein Sprachspiel! Bei Kontraktionen gibt es ja meist die Möglichkeit, sie aufzulösen, etwa wenn man etwas deutlich oder nachdrücklich sagen will. *Wir haam den ganzn Aamd gesung* könnte jemand einem anderen erzählen. Der staunt und fragt betont zurück: *Den ganzen Abend gesungen? gesung* wird also zu *gesungen* expandiert.

Dasselbe kann man mit *sing*, *ring* und *fing* machen, es also zu *singen*, *ringen* und *fingen* erweitern. Warum sollte man da nicht auf die Idee kommen, diese Expansion auch mal da zu probieren, wo sie nicht möglich ist: *Ding* zu *Dingen*! So hat man zwei Silben, und die klingen viel nachdrücklicher als eine.

Das Sprachspiel dürfte in einem Gebiet entstanden sein, wo <ng> nicht [ŋk] ausgesprochen wird, also nicht *Dink*.[5] Diese

Aussprache gibt es vereinzelt im Ruhrgebiet, aber bis jetzt ist es nicht gelungen, Genaueres über die Verbreitung herauszufinden.[6]

[1] Zu den Verhältnissen im Ruhrgebiet vergleiche Schiering, René (2002): Klitisierung von Pronomina und Artikelformen. Eine empirische Untersuchung am Beispiel des Ruhrdeutschen. Köln. (= Institut für Sprachwissenschaft. Universität zu Köln. Arbeitspapier Nr. 44.).

[2] Strenggenommen stellen die beiden ersten Formen Klitisierungen, die anderen vier Kontraktion dar. Allerdings werden alle derartigen Formen oft Kontraktionen genannt. Die sechs Formen sind auf einer »Stufenleiter« zwischen den Polen »formell« und »informell« angesiedelt. *habenwirn* könnte man im Radio vielleicht noch hören, *hamwan* ginge da gar nicht.

[3] Vergleiche dazu auch das zu *tschü-üs* in Kapitel 9 Gesagte.

[4] Streletz, Werner (1994): Muffe. Poetische Texte in der Alltagssprache des Reviers. Mit Holzschnitten von H. D. Gölzenleuchter. Bochum: Edition »Wort und Bild«. Auch in: Streletz, Werner (1999): Blues ausser Neemstraße. Poetische Texte in der Alltagsprache des Ruhrgebiets. Bottrop/Essen: Pomp. S. 104. (Zu Streletz vergleiche auch Kapitel 4.)

[5] Die Aussprache mit K wird auch zur sog. Auslautverhärtung gerechnet, aber im Gegensatz zu B, D, und G, bei denen sie durchgängig anzutreffen ist, gibt es bei <ng> regionale und wohl auch individuelle Unterschiede.

[6] Der »Atlas zur Aussprache des Schriftdeutschen in der Bundesrepublik Deutschland« von Werner König (2 Bde. Ismaning: Hueber, 1989) hat als Belegort für das Ruhrgebiet nur Duisburg. Dort ist kein Beispiel für die K-Aussprache verzeichnet. (Vgl. Bd. 1, S. 89 und Bd. 2, S. 60 und 233.) Der »Atlas zur deutschen Alltagssprache« scheint die Aussprache noch nicht abgefragt zu haben (http://www.atlas-alltagssprache.de/register/A).

15. Das beste Deutsch: Etwa im Ruhrgebiet? – Ja, echt!

Dass das beste Deutsch in Hannover gesprochen werde, scheint auch heute noch Allgemeinwissen zu sein. Und auch fast jede/r, der/die im Ausland Deutsch lernt, kennt diese Behauptung.[1]

Was aber soll das sein, das »beste Deutsch«? Ursprünglich hieß der Spruch, in Hannover spreche man das reinste Deutsch. Es war also auf die Aussprache bezogen, und ich denke, diese meint man mit »bestem Deutsch« auch heute noch. Bei Hannover wurde im 19. Jahrhundert wohl nicht nur an die Stadt Hannover gedacht, sondern an ein größeres Gebiet, vielleicht sogar an das gesamte Königreich Hannover. Dieses Gebiet in und um Hannover war die erste Region, in der man in der Öffentlichkeit nicht mehr Platt sprach, sondern Hochdeutsch. Zu einer bestimmten Zeit, wohl bis in die zweite Hälfte des 19. Jahrhunderts hinein, war diese Region die einzige in Deutschland, in der man gesprochenes Hochdeutsch sozusagen auf der Straße hören konnte. Wenn also jemand, der z. B. in England Deutsch lernte, dieses Deutsch erleben wollte, konnte er mit einiger Sicherheit in Hannover und Umgebung Erfolg haben. »Nur in Hannover hört man Hochdeutsch« hätte die Redeweise zunächst eigentlich lauten müssen.

Heute hört man fast überall in Deutschland das gesprochene Hochdeutsch in der Öffentlichkeit, allerdings mit einigen regionalen Unterschieden. Wer etwa Bundesfinanzminister Schäuble im Ohr hat, wird sich an sein badisches »sch« [ʃ] in *Kunst* und anderen Wörtern mit <-st> am Ende erinnern. Es kann sein, dass das gewollt ist, dass Bodenständigkeit und Volksverbundenheit signalisiert werden sollen, ähnlich wie bei der »Spitzer-Stein«-Aussprache von Altkanzler Helmut Schmidt. Während aber Schmidt wohl tatsächlich bewusst und wohldosiert von der

Aussprache Gebrauch macht, hat man bei Schäuble doch eher den Eindruck, dass er es nicht anders kann. Und das macht keinen guten Eindruck.

Wer im südlichen Rheinland aufgewachsen ist, hat Schwierigkeiten mit der Aussprache des sog. Ich-Lauts [ç]. Da wird aus *ich* [isch], aus *Kirche* [Kirsche] oder aus *Mädchen* [Mädschen]. Sprachwissenschaftler nennen dieses Phänomen Koronalisierung. Ein Kölner oder Aachener musste also den richtigen Gebrauch von [ç] erst sekundär lernen, und das scheint gar nicht einfach zu sein. Da die Laute [ç] und [ʃ] sehr frequent sind, stellt sich beim Sprechen permanent das Problem der richtigen Lautwahl ein. Da kann man sich schon mal vertun: *Fleich* oder *Fich* fragt der Kellner im Nobelrestaurant den Gast, als er mit zwei Tabletts an den Tisch tritt. Dieses Phänomen, das auch beim Fremdsprachenlernen eine große Rolle spielt, nennt man Hyperkorrektheit, d. h. man wendet eine Regel an der falschen Stelle an.

Auch dafür gibt es einen bekannten Politiker als Beispiel. Der derzeitige Präsident des Europa-Parlaments, Martin Schulz, warf Ende 2012 einem anderen Gast in einer Talkshow vor, er »wiche die Probleme von Tich«. Das macht sich nicht gut. Von Politikern wie Schäuble und Schulz kann man eigentlich erwarten, dass sie sich bei der Aussprache des Deutschen Mühe geben.

Wie sieht es nun bei den Bewohnern des Ruhrgebiets aus? Müssen die in einer sekundären sprachlichen Sozialisation neue Laute lernen? Nein! Wir haben Glück gehabt! Und da das auch im Ruhrgebiet selbst kaum bekannt ist, sei es noch einmal betont: Wer im Ruhrgebiet aufgewachsen ist, ist beim primären Spracherwerb mit allen Lauten ausgestattet worden, die er für die korrekte Aussprache des Deutschen braucht! Und so ist es auch kein Wunder, dass unter den Sprechern und Sprecherinnen des WDR, die allesamt eine vorbildliche Aussprache an den Tag legen[2], viele aus dem Ruhrgebiet stammen. Nur: Man hört das nicht.

Wie ist es aber nun mit der Aussprache des R? Oft hört man auch heute noch die Behauptung, wer aus dem Ruhrgebiet komme, könne kein R sprechen, und diese Behauptung soll dann ein Defizit benennen. Tut es aber nicht, denn wer in Deutschland kann das noch? Anders gesagt: Das gerollte R gehört nicht mehr zur Standardlautung des Deutschen. Wer es spricht (in Bayern und Franken zum Beispiel), macht natürlich keinen Fehler, aber das gerollte R gehört nicht mehr zur Norm.[3] An dessen Stelle ist ein stimmhafter Reibelaut getreten (er liegt nahe beim sog. Ach-Laut): *Krach* wird also [kʁax] ausgesprochen, und nach Vokal ist das R vokalisiert, nicht nur zu [ɒ] wie in *Korn* [kɔɒn], sondern auch zu [ə] wie in *Birne* [bɪənə]. Durch die Vokalisierung des R sind praktisch neue Diphthonge entstanden. Deren Einordnung macht den Sprachwissenschaftlern übrigens große Probleme.

Es gibt allerdings auch heute noch viele Berichte von Ruhrgebietlern, sie seien wegen ihrer nichtvorhandenen R-Aussprache belächelt worden. Ich selbst habe erlebt, wie mich Schweizer Kommilitonen in Zürich Ende der sechziger Jahre immer wieder aufforderten, *Gelsenkirchen* zu sagen. Und dann einen Heidenspaß hatten. Was habe ich mich da angestrengt, ein gerolltes R zu lernen.[4] Es war schwierig, aber nach einiger Zeit hörte das Schmunzeln der Kollegen auf: Ich konnte das R rauf und runter rollen. Es war aber gar nicht das fehlende R, das die Schweizer amüsierte, sondern die vor allem im östlichen Ruhrgebiet und dessen Umland verbreitete Längung des Vokals vor dem vokalisierten R.[5] Und die bewirkt schon bei Kölnern ein amüsiertes Lächeln: *Kirche*, *kürzlich*, *Kurs*, *gern*, *Mörder*, *Korn* – werden diese Wörter mit langem Vokal ausgesprochen, horcht man außerhalb des Ruhrgebiets auf. Aber nichts ist leichter, als diese Aussprache ab- bzw. umzustellen. Das Problem ist nur, dass es den meisten Ruhris nicht bewusst ist, dass ihre Aussprache hier von der Standardlautung abweicht. Eigentlich müssten die Lehrerinnen und Lehrer hier Aufklärungsarbeit leisten.

Wenn im Deutschen Vokale lang ausgesprochen werden, werden sie automatisch auch »höher« artikuliert, das heißt »geschlossener«. Die geschlossene Aussprache hört man im Ruhrgebiet oft auch bei Kurzvokalen. Das wird allerdings außerhalb nicht weiter bewertet, wohl weil es in Deutschland viele Regionen gibt, die die geschlossene Aussprache von Kurzvokalen kennen.

Eine weitere Eigenart, die auch vor allem im östlichen Ruhrgebiet beheimatet ist, ist die Aussprache von bestimmten Diphthongen. *neunzig* z. B. wird oft mit einem langen, »fallenden« [ɔːɪ] ausgesprochen, wobei der Ton beim I schon in der Gegend des *-zig* angekommen ist. Normalerweise liegen [ɔ] und [ɪ] auf derselben Höhe und werden beide kurz ausgesprochen. Bei <ei>/<ai> und <au>, also [aɪ] und [aʊ] ist die Tendenz nicht so ausgeprägt, ansatzweise aber auch zu hören. Doch auch für dieses Phänomen gilt dasselbe wie für *Kirche* usw. Ist man einmal darauf aufmerksam gemacht worden, kann man leicht umschalten.[6]

Das gilt auch für eine weitere Auffälligkeit, die aber eher eine individuelle ist, d. h. nicht bei vielen Sprechern des Ruhrdeutschen festzustellen ist. Es gibt Menschen, die das <sch> [ʃ] relativ weit hinten, d. h. nicht am Zahndamm, sondern fast am Gaumen artikulieren, es also sehr »breit« aussprechen. Auch das lässt sich abstellen, indem man das [ʃ] einfach weiter vorne bildet.

Um auf »das beste Deutsch« zurückzukommen: Man hört es im Ruhrgebiet nicht unbedingt auf der Straße, aber wer hier aufgewachsen ist, hat die besten Voraussetzungen, es relativ mühelos zu lernen. Und das ist doch was!

[1] Siehe dazu schon: Menge, Heinz H. (1980): »Wie zufrieden sind Sie mit der Sprache, dem Dialekt, der hier gesprochen wird?« Zu einer Umfrage unter den Großstädtern der Bundesrepublik. In: Korrespondenzblatt des Vereins für niederdeutsche Sprachforschung 87, S. 34-41.
Im Zuge der Wiederentdeckung des Denkens über Sprache bei »normalen« Dialektsprechern in der sog. Wahrnehmungsdialektologie (»Perceptual dialectology«) wird auch die Frage nach dem »besten Deutsch« wieder interessant. Vgl. dazu etwa Elmentaler, Michael (2012): In Hannover wird das beste Deutsch gesprochen. In: Anderwald, Lieselotte (Hrsg.:) Sprachmythen – Fiktion oder Wirklichkeit? Frankfurt a. M.: Lang. S. 101-115. (= Kieler Forschungen zur Sprachwissenschaft. Bd. 3.) Vergleiche auch König, Werner (2011): In Norddeutschland spricht man besseres Hochdeutsch. In: Ernst, Oliver/Freienstein, Jan Claas/Schaipp, Lina: Populäre Irrtümer über Sprache. Stuttgart: Reclam, 2011. S. 21-37.

[2] Was mir als fleißigem WDR 5-Hörer auffällt, sind nur einige Marotten. Zum Beispiel sollte man beim Atemholen keine Geräusche machen. Das hört sich furchtbar an. Allerdings hat dies mit der eigentlichen Aussprache nichts zu tun.

[3] Das mag vor einigen Jahrzehnten noch anders gewesen sein. Und nicht wenige haben unter ihrem Defizit gelitten. Wilhelm Herbert Koch, der Autor des »Kumpel Anton«, berichtet das zum Beispiel.

[4] In Zürich war es das uvulare R, das am Zäpfchen gebildet wird. In anderen Regionen der Schweiz gibt es aber auch das »vordere« R, das mit der Zungenspitze an den Alveolen, dem Zahndamm, gebildet wird.

[5] Der beim »Institut für deutsche Sprache« (IdS Mannheim) im Aufbau befindliche »Atlas zur Aussprache des deutschen Gebrauchsstandards« (AADG) wird dieses Phänomen wohl nicht erfassen, da nur die beiden Ruhrgebietsstädte Duisburg (DUI) und Gelsenkirchen (GSK) berücksichtigt sind. (Siehe http://prowiki.ids-mannheim.de/bin/view/AADG/InhaltsVerzeichnis)

[6] Ich sage ausdrücklich »umschalten«, denn es geht bei diesem und dem vorher genannten Phänomen ja nicht darum, es abzustellen. Jede/r verfügt über mehrere »Register«, eins (oder mehrere) für den Gebrauch im privaten Bereich, eins (oder mehrere) für den öffentlichen Raum.

16. Wie beliebt ist Ruhrdeutsch? Oder: Wie seriös sind Umfragen zu den Dialekten?

Im Oktober 2012 ging durch die Presse, dass Norddeutsch der beliebteste Dialekt der Deutschen sei. Als Sprachwissenschaftler bekommt man bei solchen Meldungen immer Bauchschmerzen. Nicht, dass Unterschiede bei der Bewertung der regionalen Varianten des Deutschen nicht existierten. Man sollte sie sogar sehr ernst nehmen und das Phänomen nicht einfach vom Tisch wischen, weil es sich bloß um Vorurteile handele. Gerade Vorurteile können starke Wirkungen zeigen.

Nun sind allerdings die meisten Umfragen zur Beliebtheit von Dialekten methodisch unzulänglich. Was die Befragten unter Dialekt verstehen sollen, wird meist nicht deutlich gemacht. Für die einen ist dann eine Färbung – wie bei Bundesminister Schäuble – schon ein Dialekt, andere verstehen darunter den alten Ortsdialekt, den sie im Urlaub in Oberbayern gehört und (wahrscheinlich) nicht verstanden haben.

Viele Meinungsforschungsinstitute geben sich bedeckt, was ihre Untersuchungsmethoden betrifft. So erfährt man zur oben genannten Umfrage auf der Webseite des Instituts praktisch nichts. Diese enthält nur die dpa-Meldung, die auch die Basis für die Zeitungen war, die über die Umfrage berichteten.[1]

In diesem Fall ist es nun relativ einfach, die Unzulänglichkeiten der Befragung aufzudecken. Laut dpa ergibt sich die folgende Reihenfolge, was die Beliebtheit angeht:

Norddeutsch	(29 Prozent)
Bayerisch	(27 Prozent)
Kölsch	(13 Prozent)
Berlinisch	(11 Prozent)
Sächsisch	(8 Prozent)

Addiert man die Prozentzahlen, ergibt sich eine Summe von 88 Prozent. Daraus lässt sich ganz simpel schließen, dass diese fünf »Dialekte« vorgegeben waren – und nur diese fünf! Für weitere ist nämlich bei einer Differenz von 12 Prozent zu 100 Prozent gar kein Platz. Wären auf einen weiteren Dialekt 12 Prozent entfallen, wäre dieser zwischen Kölsch und Berlinisch aufzuführen gewesen, aber diese beiden Dialekte werden im Text ausdrücklich als »vorletzter« bzw. »vorvorletzter« bezeichnet, dazwischen ist also nichts mehr frei. Und wenn ein Dialekt weniger als acht Prozent bekommen hätte, wäre Sächsisch nicht »auf dem letzten Platz der Dialekt-Hitliste« gelandet.

Eine Vorgabe von fünf Dialekten ist ein bisschen wenig. Und wenn man sie vorgenommen hat, sollte man das bei der Veröffentlichung der Ergebnisse deutlich sagen. Immerhin wird Norddeutsch quasi definiert, nämlich als »Mundart, wie sie zum Beispiel Hamburger sprechen«. Das hilft aber auch nicht viel, denn der eine Befragte mag an Hamburger Platt gedacht haben, der andere an gefärbtes Hochdeutsch, wie man es vom Ohnsorg-Theater her kennt. Und vielleicht haben sich einige auch an Altkanzler Helmut Schmidt erinnert gefühlt.

Wenn man Vorgaben macht, sollte die deutsche Dialektlandschaft vielfältiger vertreten sein. Wo sind zum Beispiel Schwäbisch, Hessisch oder Thüringisch?

Auch Wissenschaftler machen es nicht unbedingt besser. Die »Gesellschaft für deutsche Sprache« (GfdS) hat vom »Institut für Demoskopie Allensbach« eine repräsentative Umfrage[2] durchführen lassen, wobei man bei den Fragen zu den Dialekten wohl auf bereits erprobte Allensbach-Fragen zurückgriff. Auch hier gab man den Befragten eine Liste[3] vor, und diese enthielt wohl die folgenden Items:

Bairisch[4], Norddeutsches Platt (z. B. Hamburger Platt), Berlinisch, Schwäbisch, Rheinländisch, Hessisch, Sächsisch, Fränkisch,

Pfälzisch, Badisch-Alemannisch, Westfälisch, Ostpreußisch, Mecklenburgisch, Thüringisch, Saarländisch, Schlesisch, Pommerisch[5]

Die Befragten werden sicher ziemlich ratlos gewesen sein. Was z. B. ist Rheinländisch oder Saarländisch? Und wie bei der anderen Befragung hatten sie auch keine Möglichkeit, eigene Vorstellungen einzubringen: Ich hätte »Ruhrdeutsch« angeben wollen!

Auch wenn keine Vorgaben gemacht werden, tauchen Probleme auf. In der bekannten Umfrage des Instituts für deutsche Sprache (Mannheim) von 1999[6] wurde u. a. nach »sympathischen« Dialekten gefragt. Jeder Befragte konnte bis zu zwei Dialekte nennen. Dabei ergab sich die folgende Reihenfolge:

Bayerisch/Oberbayerisch (333 Nennungen), Schwäbisch (184), Plattdeutsch/Niederdeutsch (137), Norddeutsch (allgem.) (131), Sächsisch (84), Berlinisch (83), Kölsch (75), Hessisch (75), Mecklenburgisch (61), Hamburgisch (52), Rheinisch (51), Küstenplatt (Nord/Ostsee…) (58), Fränkisch (36), Thüringisch (38), Österreichisch (26), Wienerisch (22), (Ober-)Lausitzer Mundart (22), Pfälzisch (20), Hochdeutsch (20), andere zus. (109)

»Ruhrdeutsch« kommt auch hier nicht vor.

Bei den »unsympathischen« Dialekten gab es diese Rangliste:

Sächsisch (425), Bayrisch (219), Berlinisch (112), Schwäbisch (98), Plattdeutsch (47), Kölsch (41), Hessisch (33), Rheinisch (18), andere zus. (137)

Auch hier taucht »Ruhrdeutsch« (zum Glück) nicht auf. Es sei denn, es wäre mit anderen Dialekten zu »andere zus.« zusammengefasst worden.

Interessant bei dieser Umfrage ist, dass im ersten Fall 383, im zweiten 870 Befragte von insgesamt 2.000 keine Antwort gegeben haben. Sie hielten die Frage zur Beliebtheit und besonders die zur Unbeliebtheit von Dialekten wohl für zu vorurteilsbeladen, vielleicht auch für zu diffus. Leider wird bei Umfragen die Zahl der Antwortverweigerer normalerweise gar nicht angegeben.

Ob mit oder ohne Vorgabe: Weder in den Umfragen von 2012 und 2008 noch in der von 1999 kommt »Ruhrdeutsch« vor.[7] Das bedeutet, dass es weder im Bewusstsein der Befrager noch in dem der Befragten existiert! Man könnte zwar sagen, dass »richtige« Dialekte im Vordergrund standen, und Ruhrdeutsch sei eben kein richtiger Dialekt. Aber wenn man das Berlinische berücksichtigt, das sicher auch kein Dialekt im klassischen Sinn ist (in Berlin wurde früher Plattdeutsch gesprochen), dann muss auch Ruhrdeutsch dabei sein. Denn was die Entstehung des Ruhrdeutschen angeht, so verlief der Prozess ähnlich wie in Berlin.

Dass das Ruhrdeutsche außen vor bleibt, zeigt also, dass sich dieser »Dialekt« noch nicht ins Bewusstsein der Deutschen eingebrannt hat. Jürgen von Manger, Elke Heidenreich, Tana Schanzara, Uwe Lyko alias Herbert Knebel, Dr. Ludger Stratmann, Fritz Eckenga und viele andere[8] haben es also noch nicht geschafft, dass die Deutschen bei den Dialekten auch an das Ruhrdeutsche denken. Vielleicht dauert es Jahrzehnte, bis sich so ein Prozess vollzogen hat.

Noch ein weiteres Mal[9] erscheint das Ruhrdeutsche bei einer Befragung, und zwar bei einer, die durch das Mannheimer Institut für Deutsche Sprache und die Mannheimer Universität 2009 durchgeführt wurde.[10] Dort lautete eine Frage »Können Sie einen deutschen Dialekt oder Platt? Wenn ja, welcher Dialekt bzw. welches Platt ist das?«

Auch hier ging hier also um die Kompetenz, nicht um die Beliebtheit und auch nicht um den alltäglichen Gebrauch. Viele Deutsche beherrschen ja einen Dialekt, sprechen ihn aber nicht mehr. Bei der Frage wurde keine Liste vorgegeben, die »Antworten wurden bei der Auswertung aber dialektologisch kategorisiert«.[11] Schade, dass diese Art der Auswertung nicht genauer beschrieben ist, man hätte zu gern gewusst, wie es zu der Kategorisierung »Ruhrgebiet« gekommen ist. Bei allen anderen zwölf Kategorien werden die Dialekte übrigens so benannt, wie es üblich ist (»Alemannisch« oder »Hessisch«), nur im Falle des Ruhrdeutschen wird die Region genannt. Das ist schon merkwürdig.

Immerhin müssen 2 % der Befragten irgendetwas genannt haben, was aufs Ruhrgebiet beziehbar ist. 2 %, das sind bei einer repräsentativen Umfrage (in diesem Fall bei Menschen mit Deutsch als Muttersprache, die über 18 Jahre alt sind), hochgerechnet rund 1,2 Millionen.[12]

Diese Zahl erscheint mir realistisch. Nicht alle, die im Ruhrgebiet leben, sprechen Ruhrdeutsch, und nicht alle, die es können, bekennen sich dazu. Leider legen die einschlägigen Umfragen auch immer nahe, an »Einsprachigkeit« zu denken. Die meisten, die Ruhrdeutsch sprechen, können natürlich auch anders.[13]

Interessant in diesem Zusammenhang ist eine Umfrage, die von zwei Bochumer Studierenden 1996 im Rahmen ihrer Staatsarbeit[14] durchgeführt worden ist. Sie hatten u. a. auch gefragt: »Würden Sie sich als Sprecher/in der Ruhrgebietssprache bezeichnen?« Dabei stellte sich heraus, dass die Ergebnisse von Stadt zu Stadt bzw. von Kreis zu Kreis höchst unterschiedlich waren:

Herne	81 %
Bottrop	72 %
Oberhausen	64 %
Duisburg	61 %
Gelsenkirchen	57 %
Essen	55 %
Mülheim	50 %
Bochum	43 %
Dortmund	43 %
Recklinghausen	40 %
EN-Kreis	37 %
Unna	31 %
Hagen	23 %
Wesel	23 %
Hamm	10 %

Mit Recklinghausen, Unna und Wesel sind (wie im Falle des Ennepe-Ruhr-Kreises) Kreise gemeint.[15] Es könnte sein, dass die unterschiedlichen Prozentzahlen auch etwas mit dem unterschiedlichen Selbstverständnis als Ruhrgebietler zu tun haben.

Zum Schluss dieses Kapitels noch ein Wink für Marketing-Abteilungen. Im Bewusstsein der Deutschen scheint es eine enge Verknüpfung von Sprache und Region zu geben. Wo keine Vorstellung von Sprache, da auch keine von der Region. Wer die Region bekannt machen will, muss auch deren Sprache im Auge haben.[16]

---

[1] Siehe http://yougov.de/news/2012/10/02/umfrage-sachsisch-ist-der-unbeliebteste-dialekt.

[2] Hoberg, Rudolf/Eichhoff-Cyrus, Karin M./Schulz, Rüdiger (Hrsg.) (2008): Wie denken die Deutschen über ihre Muttersprache und über Fremdsprachen? Eine repräsentative Umfrage der Gesellschaft für deutsche Sprache in Zusammenarbeit mit dem Deutschen Sprachrat. Wiesbaden: GfdS.

[3] Die Frage (S. 31) lautete: »Hier auf der Liste stehen verschiedene Dialekte – sind darunter welche, die Sie besonders gerne hören?« Auch hier wird der Terminus »Dialekt« nicht weiter erklärt.

[4] Die Schreibung ist korrekt. Wenn die Sprache gemeint ist, wird in der Sprachwissenschaft <ai> verwendet. Leider gibt es diese Differenzierung sonst kaum. Sie wäre sehr hilfreich. Oft behilft man sich mit einem angehängten *-sprachig*: polnischsprachig, deutschsprachig etc. Das klingt allerdings meist recht sperrig.

[5] Die Dialekte sind hier nach dem Grad der Beliebtheit angeordnet.

[6] Stickel, Gerhard/Volz, Norbert (1999): Einstellungen zur deutschen Sprache. Ergebnisse einer bundesweiten Repräsentativerhebung. Hrsg. vom Institut für Deutsche Sprache. Mannheim: Institut für deutsche Sprache. (= Arbeitspapiere und Materialien zur deutschen Sprache. [19]99,2.)

[7] Nur bei Frage 29 in der Umfrage von 1999, in der es um die Kompetenz in einem Dialekt ging, gaben sechs von 1004 Befragten »Kohlenpott-/Ruhrpott(sprache)« an. Sechs! (Für 492 Befragte notierten die Interviewer »ohne Angabe«.)

[8] Atze Schröder nehme ich hier ausdrücklich aus. Wenn der aus Essen-Kray stammt, ist mein zweiter Vorname Hubert und ich komme aus Emsdetten. Albern.

[9] Jüngst ist mir eine weitere Befragung untergekommen, bei der Ruhrdeutsch berücksichtigt ist, was für diese Varietät des Deutschen aber nicht unbedingt eine Ehre darstellt. Sie ist von einer Partnerbörse durchgeführt worden (http://www.parship.de/single-leben/sexy-dialekte-welcher-kommt-bei-singles-an.htm). Das Resümee ist leicht verwirrend, ich nehme mal an, dass eine Liste von acht Dialekten vorgelegt wurde. An der Spitze stehen »Bayerisch« und »Norddeutsch«, »Berlinerisch« hat den letzten Platz inne (bei den Single-Frauen ist es allerdings »Fränkisch«), und »Ruhrdeutsch« teilt sich mit »Fränkisch« und »Kölsch« den vorletzten Platz (mit jeweils 5 % der Stimmen), nach »Sächsisch« mit 6 %.

[10] Eichinger, Ludwig M. u. a. (2009): Aktuelle Spracheinstellungen in Deutschland. Erste Ergebnisse einer bundesweiten Repräsentativumfrage. Institut für Deutsche Sprache und Universität Mannheim. Mannheim: IfdS.
Ausführlichere Auswertungen der Umfrage finden sich in Gärtig, Anne-Kathrin/ Plewnia, Albrecht/Rothe, Astrid (2010): Wie Menschen in Deutschland über Sprache denken. Ergebnisse einer bundesweiten Repräsentativerhebung zu aktuellen Spracheinstellungen. Mannheim: Institut für deutsche Sprache. (= amades. Arbeitspapiere und Materialien zur deutschen Sprache. Bd. 40.)
Hier kommt Ruhrdeutsch bei der Verbreitung der Dialekte vor (S. 141-146), wird aber »Ruhrpott« genannt. Bei den »sympathischen« und »unsympathischen« Dialekten (S. 158-167) kommt es unter »ferner liefen« vor und wird in den zusammenfassenden Tabellen deshalb gar nicht berücksichtigt. Auffällig ist übrigens, dass doppelt so viele Menschen mit Abitur angeben, sie sprächen »Ruhrpott«, als solche mit Hauptschulabschluss (3,6 % gegenüber 1,7 %).

[11] Siehe Eichinger u. a. (2009). S. 13, Anm. 5.

[12] In Deutschland leben zurzeit etwa 13,3 Mio. Menschen unter 18. Die Zahl derjenigen, die Deutsch nicht als Muttersprache haben, dürfte bei ca. 7 Mio. liegen. Die Grundgesamtheit beträgt demnach (über den Daumen gepeilt) rund 60 Mio. Zwei Prozent davon sind etwa 1.2 Mio. »Saarländisch« haben auch zwei Prozent angegeben. Im Saarland lebt aber nur rund eine Million. Menschen. Das ist merkwürdig, hängt aber vielleicht mit der Kategorisierung durch die Wissenschaftler zusammen.

[13] Auch bei dieser Befragung wurde nach »besonders sympathischen« und »besonders unsympathischen« Dialekten« gefragt (S. 20-27). Die Frage war offen formuliert (S. 20), d. h. es wurde keine Liste vorgegeben. An der Spitze

standen die üblichen Verdächtigen. »Ruhrdeutsch« kam nicht vor, vielleicht versteckte es sich bei den »sonstigen« (8 % bzw. 5 %).

[14] Crede, Claudia/Lakemper, Udo: (1996): Das Ruhrgebiet – eine sprachliche Einheit? Erhebung von Redewendungen und Ermittlung ihres Bekanntheitsgrades in verschiedenen Regionen des Ruhrgebiets. Schriftliche Hausarbeit im Rahmen der Ersten Staatsprüfung für das Lehramt für die Sekundarstufe II dem Staatlichen Prüfungsamt Dortmund vorgelegt. Bochum, im Juli 1996.

[15] Insgesamt sind 990 Personen, meist Studierende mit einem Durchschnittsalter von 28-29 Jahren, befragt worden. Siehe dazu Crede, Claudia/Lakemper, Udo (1998): Empirische Untersuchungen zur Phraseologie im Ruhrgebiet. In: Hartmann, Dietrich (Hrsg.) (1998): »Das geht auf keine Kuhhaut!« – Arbeitsfelder der Phraseologie. Akten des Westfälischen Arbeitskreises Phraseologie/Parömiologie 1996. Bochum: Brockmeyer. S. 81-108, hier S. 92. (= Studien zur Phraseologie und Parömiologie. Bd. 16.)

[16] Wie eine seriöse Befragung zu den Dialekten aussieht, zeigt diese Monographie: Hundt, Markus (1992): Einstellungen gegenüber dialektal gefärbter Standardsprache. Eine empirische Untersuchung zum Bairischen, Hamburgischen, Pfälzischen und Schwäbischen. Stuttgart: Steiner. (= Zeitschrift für Dialektologie und Linguistik. Beihefte. H. 78) Hundt hat seinen Probanden Sprachproben vorgespielt, um eine einheitliche Vorstellung von den vier Dialekten zu gewährleisten. Bei der Beliebtheit rangierte übrigens das Pfälzische an letzter Stelle.

17. *Pukziinii* – Automatendeutsch tut weh!

Ich kann mich nicht daran gewöhnen! Jedes Mal, wenn ich mit dem 377er von Langendreer zur Uni fahre, schmerzt mich die erste Ansage: »WieBUSCHweg«! Ja, mit Betonung auf der zweiten Silbe! Und wenn ich abends den 372er nehme, quält mich die »Haniilstraße«! Ja, mit langem I! Immerhin auf der richtigen Silbe betont. So geht das schon seit Jahr und Tag. Auf der Linie 308/18 gibt es die »Knuupstraße«; wenn man nicht genau hinhört, hört man sogar »Knutstraße«. Und was ist gemeint? Die »Knoopstraße«. Ich weiß nicht, wie es zu dieser Aussprache kommt. Ein doppelt geschriebenes O wird im Englischen oft [uː] ausgesprochen, im Deutschen aber nie, außer in Entlehnungen wie *cool* oder *Hooligan*.

Jede dritte Ansage bei der BOGESTRA AG, der Bochum-Gelsenkirchener Straßenbahnen Aktiengesellschaft, ist fehlerhaft. Dass deswegen schon jemand an der falschen Haltestelle ausgestiegen wäre, ist zwar unwahrscheinlich, zumal der Name der Haltestelle ja auch optisch angekündigt wird. Aber für manche Fahrgäste scheint es schon sehr irritierend zu sein, etwa »RAUe EGge« zu hören (320er nach Sprockhövel), also zwei gleich stark betonte Wörter. Ein Fahrgast beugte sich einmal zum Fahrer und vergewisserte sich: »Rauhe Egge, oder?«

Wie kommt es zu solchen Ansagen? Die Namen hat keine reale Person gesprochen, sie kommen vielmehr aus dem Computer. Bestimmte Programme setzen Geschriebenes in Gesprochenes um. Das wäre dann kein Problem, wenn im Deutschen jedem Buchstaben ein Laut entspräche. Im Türkischen ist das mehr oder weniger der Fall, aber ich denke, auch automatische Haltestellenansagen auf Türkisch würden sehr unnatürlich klingen, weil ja auch noch das Problem der Intonation zu lösen ist. Die heutigen

Programme für das Deutsche sind noch nicht weit gekommen, bis jetzt sind sie den Kinderschuhen noch nicht entwachsen.[1]

Vor über einem Jahr habe ich der BOGESTRA geschrieben. Reaktion: Man sehe keine Möglichkeit, Änderungen vorzunehmen, ich könne aber gern meine Beobachtungen mitteilen. Wenn das nicht kundenfreundlich ist!

Es geht auch anders! Vor kurzem fuhr ich mit der STOAG, den »Stadtwerken Oberhausen AG«. Wenn ich nicht einen Vortragstermin einzuhalten gehabt hätte, hätte ich stundenlang durch Oberhausen fahren können (mit einem »Bärenticket« des VRR geht das problemlos), nur um dieser Stimme zuzuhören. Sie ist einfach umwerfend schön. Und kommt sicher nicht aus dem Computer!

Also, liebe Verkehrsbetriebe, lasst Euch keine Programme aufschwatzen, die die Haltestellenansagen angeblich vereinfachen bzw. verbilligen. Nehmt Euch ein Beispiel an Oberhausen. Wetten, dass es bald Besucher in OB gibt, die nur wegen der Stimme der Haltestellenansagerin durch die Stadt fahren? Das ist Stadtmarketing der exquisiteren Art!

Das Problem hat auch eine ernste Seite. Das wurde mir bewusst, als mir der Intendant des Gelsenkirchener »Musiktheaters im Revier« (MiR) auf ein Schreiben antwortete. Ich hatte mit Kumpel Ullrich eine Aufführung der beeindruckenden Oper »Sprung in die Leere« besucht und mir am darauf folgenden Tag die Homepage des Theaters angesehen. Dabei stieß ich auf den Button »Webseite vorlesen«. Bitte hören Sie sich das an: *http://www.musiktheater-im-revier.de/Menschen/Theaterleitung/21.*

Sie müssen nach dem Öffnen auf den genannten Button drücken – und trauen Ihren Ohren nicht:

»Regie« wird mit G ausgesprochen, »Hochschule« mit kurzem O – aber der Hammer ist »Pukziinii«! Am »CC« im Namen des Komponisten ist das Programm endgültig gescheitert.

Vielleicht etwas voreilig hatte ich dem Intendanten geschrieben, dass solch ein kaputtes Deutsch eines Musiktheaters nicht würdig sei. Woran ich nicht gedacht hatte, war, dass die Barrierefreiheit eine Rolle spielen könnte. Dabei geht es in diesem Fall darum, blinden Menschen einen geschriebenen Text durch Vorsprechen zugänglich zu machen.[2] Das ist sicher zu begrüßen. Ich frage mich aber, ob das nicht auch auf andere Art und Weise möglich ist, mit einer Ansage, die von echten Menschen gesprochen wird. Davon müsste es an einem Musiktheater doch genügend geben. So kommt es mir vor, als sei für Blinde auch eine minderwertige Lösung gut genug. Ich meine, das Gegenteil müsste der Fall sein.

Woran scheitern denn nun die Computerprogramme zur Umsetzung von geschriebenen in gesprochene Texte? Wenn es nur um die Buchstaben-Laut-Beziehungen des Deutschen im engeren Sinne ginge, könnte man vielleicht noch zu passablen Lösungen kommen: *Lage* würde dann in vier Laute umgesetzt: L, langes A, G und den Schwa-Laut (unbetontes e). Damit das A lang ausgesprochen wird, müsste das Programm aber schon die Einteilung der Wörter in Silben erkennen: Ein A am Ende einer Silbe wird lang ausgesprochen. Das geschriebene G wird oft gar nicht gesprochen: *Länge* enthält gar kein G, die Schreibung <ng> signalisiert nur, dass es sich beim N um das velare N handelt [ŋ].[3] Wenn ein G am Ende eines Wortes steht, wird es meist [k] ausgesprochen, z.B. in *Tag*, jedenfalls in der sog. deutschen Hochlautung.[4]

Mit der Entlehnung aus anderen Sprachen hat das Deutsche aber auch viele Buchstaben-Laut-Beziehungen übernommen, die ihm ursprünglich fremd waren. So kann ein C ein stimmloses S anzeigen: *Center*, das man wohl kaum mit Z [ts] aussprechen würde. *Regie* stammt aus dem Französischen (*régie*) und wird dementsprechend [ʁeːʒiː] ausgesprochen, mit einem stimmhaften SCH nämlich, und nicht, wie in »Regierung« mit G.

Drei bzw. vier Realisierungen eines geschriebenen <g> scheint die bis jetzt entwickelten Programme zu überfordern. Das Programm des »Musiktheaters im Revier« hat sich bei *Regie* für die Aussprache [g] entschieden. Die versteht man zwar, aber es klingt furchtbar.

Total überfordert war es bei *Puccini*. Bei normalen Wörtern, den sog. Appellativa, ist es, wie wir gesehen haben, schon kompliziert. Um ein Mehrfaches komplizierter wird es bei Namen, besser Eigennamen[5], den sog. »Propria«. Da taucht dann plötzlich ein »CC« auf, und das Programm weiß nicht weiter. Wie es auf [pʊktsiːniː] gekommen ist, ist mir schleierhaft, *Cappuccino* kann nicht das Vorbild gewesen sein.

Resümee: Solange die Programme zur Umsetzung von geschriebener in gesprochene Sprache noch derart primitiv sind, sollte auf die natürlichen Stimmen von Menschen zurückgegriffen werden. Zum Beispiel auf solche, wie man sie bei der STOAG so schön hört!

[1] Man macht sich meist gar nicht klar, wie komplex die Laut-Buchstaben-Beziehungen (bzw. Phonem-Graphem-Beziehungen) im Deutschen sind. Vgl. dazu Nerius, Dieter (Hrsg.) (2007): Deutsche Orthographie. 4., neubearb. Aufl. Hildesheim. Olms. S. 99-128. Hier sind auch die sog. »Fremden Phonographeme« berücksichtigt, die auf etwa 200 geschätzt werden; das ist »etwa das Zweieinhalbfache des heimischen Inventars« (S. 127). Die spezifischen Probleme bei den Eigennamen kommen leider nicht zur Sprache.

[2] Ich danke Wilhelm Wedernikow vom »Servicezentrum für behinderte Studierende« (SZB) des »Akademischen Förderungswerks« (AKAFÖ) der Ruhr-Universität herzlich dafür, dass er mich mit den Möglichkeiten des Screenreaders Jaws vertraut gemacht hat. Im Übrigen gibt die Wikepedia-Seite »Sprachsynthese« einen guten Einblick in die »text-to-speech«-Technologie (http://de.wikipedia.org/wiki/Sprachsynthese). Von dort wird auch auf die informative Seite »Liste von Sprachsynthesesystemen mit Beispielen« verwiesen (http://ttssamples.syntheticspeech.de/deutsch/index.html).

[3] Das ist übrigens für viele Ausländer, die Deutsch lernen, ein Problem: »Hallo Herr Men-ge!« höre ich mich immer wieder mal begrüßt.

[4] Der Ausdruck »Hochlautung« ist immer noch in Gebrauch, obwohl man in der Germanistik kaum noch von Hochdeutsch, sondern eher von Standardsprache spricht. Es gibt aber auch den Terminus »Standardlautung«.

[5] Bei Namen denkt man oft nur an Vor- und Familiennamen. Aber es gibt eine riesige Fülle weiterer Arten von Namen. Siehe dazu etwa: Nübling, Damaris/Fahlbusch, Fabian/Heuser, Rita (2012): Namen. Eine Einführung in die Onomastik. Tübingen: Narr (= narr studienbücher.) Haltestellennamen sind dort nicht als eigene Kategorie aufgeführt, sie sind zu den sog. Objektnamen (Toponymen) zu rechnen.

18. *Dat isset!* – Wie schreibt man Ruhrdeutsch?

Wer kennt ihn nicht, den schönen Minidialog: *Wie isset? – Muss.* In der Standardsprache müsste das heißen: *Wie ist es? – Es muss.* Aber das vergessen wir lieber schnell, klingt ja furchtbar!

Das *isset* scheint so eine Art Schibboleth der Umgangssprache zu werden.[1] So wirbt ein Essener Möbelhaus mit *Dat isset!* unterhalb seines Namens.

Wenn jemand, der nicht aus dem Ruhrgebiet stammt, dies liest, wird er *isset* wohl mit stimmlosem S aussprechen (phonetisches Zeichen [s]), denn die Doppelschreibung des <s> zeigt ihm an, dass das <i> kurz auszusprechen ist, und danach kann im Deutschen nur ein stimmloses [s] folgen, wie z. B. in *Kissen* [kɪsən] bzw. [kɪsn].

Wie kann man denn in der Schrift anzeigen, dass das S nach dem I stimmhaft ausgesprochen werden soll? Man kann es nicht! Schreibt man <iset>, würde man das S zwar stimmhaft aussprechen, das I dafür aber lang: [iːzət]. Nein, da ist schon eher ein stimmloses S nach kurzem I hinzunehmen.

Am Beispiel *isset* zeigt sich, dass die Umgangssprache nicht immer mit den normalen Mitteln der Schriftsprache abzubilden ist. Was die Wiedergabe einzelner Laute betrifft, ist das Problem aber nicht allzu groß. Es gibt ja im Ruhrdeutschen kaum Laute, die im Standarddeutschen keine Entsprechung haben. Eine Ausnahme stellen lange offene Ö- und O-Laute dar, etwa in *pöhlen* (»Fußballspielen«) oder *Pohl* (»Pfahl«, vergleiche auch »Pohlbürger«).[2] In den alten westfälischen Dialekten war das anders. Wilhelm Schleef etwa verwendet für sein »Dortmunder Wörterbuch« sage und schreibe 44 Zeichen allein für Vokale und Diphthonge, davon sind nur sieben dem normalen Alphabet entnommen![3]

Die eigentlichen Probleme beginnen, wenn man die Verkürzungen und Verschleifungen wiedergeben will. Das bezieht sich auf einzelne Wörter (*Amd*, oder besser *Aamd*, oder vielleicht *Aamt*?) und auf Wortverbindungen (*n Aamt*, oder *Naamt*, oder wie?). Insgesamt stellt die Verschriftlichung (Transkription) der gesprochenen Sprache aber kein unüberwindliches Hindernis dar.

Wer sich für die Sprache des Ruhrgebiets interessiert, sollte zunächst gar nicht an die Verschriftlichung denken, sondern im Gegenteil versuchen, sich von der Schriftsprache zu lösen. Wir sind so auf sie fixiert, dass wir oft Dinge hören, die gar nicht gesagt worden sind, oder dass wir Dinge nicht hören, die in jedem Satz mehrfach vorkommen. Das glauben Sie nicht? Dann werde ich Sie zu überzeugen versuchen:

Jedes Wort und jede Silbe, die mit einem Vokal beginnen, beginnen gar nicht mit einem Vokal! Sie beginnen mit dem sog. Knacklaut, der auch glottal stop, Glottisschlag oder fester Stimmeinsatz genannt wird.[4] *ich* [ɪç] müsste genaugenommen mit [ʔɪç] wiedergegeben werden. Das tut man normalerweise nicht, weil der Knacklaut ja vorhersagbar ist, vom Aufwand ganz zu schweigen. Weil der glottal stop aber in der Schrift nicht auftaucht, hat man in der Regel kein Bewusstsein für ihn. Man hört ihn nicht. Nur wenn man sich *ich* immer wieder laut vorspricht, merkt man, wie sich die zunächst geschlossenen Stimmritzen öffnen.

Der Status des Knacklauts ist in der Sprachwissenschaft umstritten. Es gibt die Ansicht, er sei kein Phonem des Deutschen, weil er keine bedeutungsunterscheidende Funktion habe. Im Ruhrgebiet hat er diese Funktion aber, weil er auch an anderer Position vorkommt: *Witten* kann man, vor allem im östlichen Ruhrgebiet, [vɪʔn] ausgesprochen hören! Damit steht der Knacklaut in Opposition zum Beispiel zum K, etwa in *Wicken*.

Auch das Fehlen des Knacklauts kann bedeutsam sein. In der Standardlautung des Deutschen würde die Kombination *muss ich* [mʊs ʔɪç] ausgesprochen. In der Umgangssprache würde man kontrahieren [mʊsɪç], der Knacklaut entfällt also. Will man die Wortfolge noch »umgangssprachlicher« aussprechen, wird das S sogar stimmhaft [mʊzɪç]. Der Knacklaut bzw. sein Fehlen entscheidet also über Stilebenen! Vor kurzem habe ich die letzte Variante von einer Moderatorin im Radio gehört. Das wirkte recht deplatziert.

Bis ich den Knacklaut in *Witten* gehört habe, hatte ich mich schon lange mit gesprochener Sprache beschäftigt. Man ist also vor Überraschungen nie sicher, wenn man sich auf sie einlässt. Und dazu kann ich jedem nur raten, der ein Faible für Sprache hat.

Der erste Schritt für den künftigen Sprachforscher sei, hieß es oben, sich von der Schriftsprache freizumachen. Und das bedeutet gleichzeitig, das Zuhören zu üben! Auch das ist nicht einfach, weil man geneigt ist, auf die Inhalte zu achten und nicht auf die Form, in der diese transportiert werden. Man lässt sich also immer wieder ablenken, und das ist am Anfang schon frustrierend.

Von Studierenden ist mir oft entgegengehalten worden, man höre anderen nicht zu. Das sei unhöflich. Klar gibt es Situationen, in denen man weghören sollte. Aber man entwickelt rasch ein Gefühl dafür, wann das angebracht ist. Wer sich mit Bus und Bahn durchs Leben bewegt, stellt schnell fest, dass solche Situationen relativ selten sind. In den meisten Fällen ist es den Menschen gleichgültig, ob andere zuhören. Ich erinnere an *zu* in Kapitel 9.

Wer sich in der Beobachtung (so nennen es auch die Sprachwissenschaftler) geschult hat, sollte es sich angewöhnen, möglichst unmittelbar nach dem Hören das Gehörte aufzuschreiben. So kommt dann doch wieder die Schrift ins Spiel. Wer sich auf sein Gedächtnis verlässt, macht die Erfahrung, dass schon nach kurzer Zeit das Gehörte vergessen ist. Nein, ohne Aufschreiben geht es nicht.

Wie gesagt, ist mit den Mitteln der Schriftsprache schon viel zu erreichen. Ich würde empfehlen, sich mit den Laut-Buchstaben-Beziehungen vertraut zu machen. Sie heißen auch Graphem-Phonem-Beziehungen. (Vergleiche dazu Kapitel 17.) Damit sollte man den Erwerb des Internationalen Phonetischen Alphabets verbinden. Die Möglichkeiten, die dazu das Internet zur Verfügung stellt, sind hier wie in anderen Fällen ganz phantastisch. So findet sich auf einer Seite der »Deutschen Welle« eine Übersicht[5], bei Wiktionary gibt es drei sehr ausführliche Seiten[6]. Das phonetische Alphabet kann man auch ganz nebenbei lernen, indem man bei der Suche im Internet auf Angaben zur Aussprache achtet. Die werden immer zahlreicher.

---

[1] Es scheint auch noch die Kurzform *Wie is?* zu geben. Ich denke aber, dass diese in der Regel nicht Gruß ist, sondern eine Art Aufforderung, in dem Sinne von: Was is jetzt? Können wir endlich gehen?

[2] In phonetischer Schreibung wäre das [pœːlən] und [pɔːl].

[3] Vor allem die 22 Diphthonge bereiten große Probleme. Schleef hat für alle eigene Zeichenkombinationen entwickelt. Ich halte sein System für recht überzeugend. (Schleef 1967, S. 15-17. Vergleiche Kapitel 6, Anm. 3.)

[4] Wo er genau gebildet wird, sieht man sehr schön in der Wikimedia-Graphik »File Places of articulation« (http://commons.wikimedia.org/wiki/File:Places_of_articulation.svg).

[5] Deutsche Welle und Cornelsen: Aussprache. Laut-Buchstaben-Beziehungen im Deutschen (http://www.dw.de/popups/pdf/2826353/lektion-04-aussprache-laut-buchstaben-beziehungen-im-deutschen.pdf)

[6] Wiktionary: Deutsch/Phoneme und Grapheme (http://de.wiktionary.org/wiki/Wiktionary: Deutsch/Phoneme_und_Grapheme). Wiktionary: Deutsch/Zweifelsfälle der Phonem-Graphem-Zuordnung/Vokale und Diphthonge (http://de.wiktionary.org/wiki/Wiktionary:Deutsch/Zweifelsf%C3%A4lle_der_Phonem-Graphem-Zuordnung/Vokale_und_Diphthonge). Wiktionary: Deutsch/ Zweifelsfälle der Phonem-Graphem-Zuordnung/Konsonanten (http://de.wiktionary.org/wiki/Wiktionary: Deutsch/Zweifelsf%C3%A4lle_der_Phonem-Graphem-Zuordnung/Konsonanten).

19. Wörterbücher/Wortsammlungen zum Ruhrdialekt

Dieses Kapitel wird staubtrocken. Aber wir befinden uns im Serviceteil, und dazu gehört dann wohl auch der Hinweis auf die zahlreichen Wörterbücher und Wortsammlungen zur Umgangssprache des Ruhrgebiets.

Ich bin von Studierenden oft gefragt worden, welches Wörterbuch ich denn empfehlen könne. Da gab ich mich meist bedeckt und sagte, alle hätten ihre spezifischen Qualitäten.[1] Welche es denn überhaupt gebe, in den Buchhandlungen finde sich meist nur eine Ausgabe, höchstens mal zwei. Nun, hier kommt eine Übersicht über die mir bekannten Sammlungen.

Das Verdienst, sich als erster um eine Zusammenstellung ruhrgebietstypischer Wörter und Wendungen gekümmert zu haben, gebührt Werner Boschmann, seinerzeit Studienrat am Josef-Albers-Gymnasium in Bottrop. Mit der legendären Klasse 7e hat er 1981 das Heft »Ey, watt meinse?« herausgegeben:

> Boschmann, Werner (Hrsg.) (1981): »Ey, watt meinse?« 1000 Worte Bottropisch – ein Lexikon der Alltagssprache des Ruhrgebiets. Zusammengestellt von der Klasse 7e u. v. a. (= Almanach [des Josef-Albers-Gymnasiums] Nr. 12.)

Daraus ist 1982 das »Lexikon der Alltagssprache des Ruhrgebiets« entstanden:

> Boschmann, Werner (1982): Lexikon der Alltagssprache des Ruhrgebiets. Mit zahlreichen Abbildungen. 1000 Worte Bottropisch. Von Teresa Antonio u.a. Essen: Henselowsky.

Davon sind insgesamt neun Auflagen erschienen, 1988 die 6., überarbeitete Auflage und 1991 die letzte Auflage. (Ab der 8. Auflage 1989 fungierte das Wörterbuch als Band 4 der Reihe »Edition LitRevier«.)

Unter neuem Titel kam das Wörterbuch 1993 heraus:

> Boschmann, Werner (1993): Lexikon der Ruhrgebietssprache. 1000 Worte Bottropisch. Mit den Höhepunkten der deutschen Literatur – in reinem Ruhrdeutsch –. Essen: Henselowsky Boschmann. [2. Aufl. 1995, 3. Aufl. 1998]

Bis 2010 erlebte diese Ausgabe insgesamt zehn Auflagen. Die 10. hat den Titel:

> Boschmann, Werner (2010): Lexikon der Ruhrgebietssprache. Von Aalskuhle bis Zymtzicke. 10. veränd. Aufl. Bottrop: Henselowsky Boschmann.

Das zweite Wörterbuch ist das von Claus Sprick, bis 2009 Richter am Bundesgerichtshof in Karlsruhe. Es erschien zum ersten Mal 1984:

> Sprick, Claus (1984): HÖMMA! Sprache im Ruhrgebiet. Mit einem Nachwort von Klaus Birkenhauer: Ruhrgebiets-Deutsch in Regeln [sic!]. Straelen: Straelener Manuskripte Verlag. (= Europäisches Übersetzer-Kollegium. Glossar Nr. 3.)

Auch diesem Wörterbuch war großer Erfolg beschieden. Die jüngste Auflage ist von 2009:

> Sprick, Claus (2009): HÖMMA! Sprache im Ruhrgebiet. Mit einem grammatischen Anhang »Ruhrgebietsdeutsch in dreißig Regeln« von Klaus Birkenhauer. 12., überarb. und erw. Aufl. Essen: Klartext.

Seit der dritten Auflage enthielt das Wörterbuch ein »Übersetzungsbeispiel des Autors aus »Max und Moritz««. Die Umgangssprache des Ruhrgebiets ist darin sehr gut getroffen, und man bedauert, dass Claus Sprick nicht weitere Texte in dieser Sprachform geschrieben hat.[2] Die »30 Regeln« von Klaus Birkenhauer haben sich dagegen eher verhängnisvoll ausgewirkt. Sie waren mit einem Augenzwinkern verfasst worden, wurden aber von den meisten Lesern als Mini-Grammatik aufgefasst. Ich habe sie in zig Seminararbeiten präsentiert bekommen, leider ist es mir nicht gelungen, ihren Einfluss zu relativieren.[3]

Die dritte Herausgeberin eines Wörterbuchs war Helga Kanies aus Oberhausen, bekannt geworden u. a. als deutsche Skatmeisterin 1969. Dessen erste Auflage ist 1991 erschienen und gelegentlich nachgedruckt worden:

> Kanies, Helga (1991): »Sarret ährlich«. Die Sprache im Ruhrgebiet. Bonn: Bouvier. [Nachdruck: O.O.: Komet, o.J.]

Seit 1995 kamen dann in rascher Folge Wörterbücher zu einzelnen Städten des Ruhrgebiets heraus. Überall da, wo die Mayersche eine Buchhandlung eröffnete, gab es bald auch ein entsprechendes Wörterbuch. Der eine Autor war immer Josef Fellsches, bis 2004 Professor an der heute so genannten »Folkwang Universität der Künste« in Essen; die Co-Autoren wechselten von Stadt zu Stadt. Hier folgen die Wörterbücher unter Angabe der ersten sowie der jüngsten, in der Regel erweiterten Auflage:

> Fellsches, Josef (1995): Duisburger Wortschätzchen. Mit Zeichnungen von Johannes Habig. [Duisburg:] Verlag Mayersche Buchhandlung. (4. Aufl. 2008)

> Fellsches, Josef/Küster, Rainer (1998): Bochumer Wortschätzchen. Mit Zeichnungen von Johannes Habig. [Bochum:] Verlag Mayersche Buchhandlung. (7. Aufl. 2009)

> Fellsches, Josef/Peter Gronemann, Peter (2000): Dortmunder Wortschätzchen. Mit Zeichnungen von Johannes Habig. [Dortmund:] Verlag Mayersche Buchhandlung. (6. Aufl. 2010)

> Fellsches, Josef/Kiefer-Pawlak, Cäcilia (2000): Gelsenkirchener Wortschätzchen. Mit Zeichnungen von Johannes Habig. [Gelsenkirchen:] Verlag Mayersche Buchhandlung. (4. Aufl. 2009)

> Fellsches, Josef/Schnieber, Frank (2003): Essener Wortschätzchen. Mit Zeichnungen von Johannes Habig. [Essen:] Verlag Mayersche Buchhandlung. (3. Aufl. 2008)

Die Worterklärungen lassen zwar manchmal zu wünschen übrig[4], insgesamt aber ist die Reihe eine gute Ergänzung zu den anderen Wörterbüchern.

Wenn man in der Zeitschiene bleibt, ist als weiteres Wörterbuch das von Jürgen Meyer zu nennen. Meyer ist Sport-Journalist und Autor u. a. von »Panhas am Schwenkmast« (1990 u. ö.):

> Meyer, Jürgen (2001): wat is, is wat? Das Ruhrstadt-Wörterbuch. Essen: Klartext, 2001.

> Meyer, Jürgen (2008): wat is, is wat? Das Ruhrstadt-Wörterbuch. Neuausgabe. Essen: Klartext. (= Wir in Nordrhein-Westfalen. Unsere gesammelten Werke. Bd. 60.)

Weniger ein Wörterbuch als eine nach Sachbereichen angeordnete Übersicht über den Wortschatz ist das folgende Werk:

> Henrich, Karl-Heinz (2001): Ruhrdeutsch, die Sprache des Reviers. Bielefeld: Reise Know-How Verlag Peter Rump. (= Kauderwelsch »Dialekt«) [mit Begleitkassette] (4., neu bearb. Aufl. 2010, 5. Aufl. 2012 [mit Begleitdiskette und MP3-Download])

Henrich ist Lehrer und hat ein sehr gutes Ohr für die Umgangssprache des Ruhrgebiets. Er tritt auch mit Lesungen auf.

Hier seien schließlich noch zwei Sammlungen genannt, die im Mini-Format daherkommen. Sie haben aber durchaus ihre Vorzüge[5]:

> Neuhaus, Hilde (Pseud.) (1992): Tach zusammen! [... so spricht das Ruhrgebiet]. München: Compact Verlag. (= Compact Miniwörterbuch.) (weitere Auflagen u. a. 2001)

> Lang, Sandra Anni (2011): Lilliput Ruhrpott-Deutsch. [rund 5000 Stichwörter und Wendungen]. Hrsg. von der Langenscheidt-Redaktion. Berlin/München: Langenscheidt.

> [Die Reihe »Dialekt-Lillis« bietet außer diesem Bändchen (6 cm Höhe) noch elf weitere: Badisch, Bairisch, Berlinerisch, Fränkisch, Hessisch, Kölsch, Plattdeutsch, Sächsisch, Schwäbisch, Schweizerdeutsch und Wienerisch.]

Einen etwas speziellen Wortschatz bieten die folgenden Mini-Wörterbücher:

> Fetzer, Arthur (1992): Ruhrpott-Deutsch. Schmutzige Wörter. Illustrationen von Nerling. Frankfurt a. M.: Eichborn.

Rink, Thomas/Riemann, Christian (1992): Das Ruhrgebiet-Schimpfwörterbuch. Massig *schäbbige* Wörter. Nidderau: Naumann.

Nolden-Thommen, Annette (1995): Dusseldier und Schnäbbel-Liese. Die originellsten Schimpfwörter aus dem Ruhrgebiet. [Ruhrgebietsschimpfen.] München: Compact Verlag. (= Compact Miniwörterbuch.)

N.N. (2000): Dirty Words. Ruhrpott. Freiburg: Belchen.

Gelegentlich finden sich Wortsammlungen auch eingebettet in Bücher, die einer anderen Textsorte zuzurechnen sind. Hierfür ein Beispiel:

Weischer, Heinz (1993): Noch'n Pilsken, Gerd! Ein vergnügliches Hamm-Heessener Lesebuch nebst einem umfangreichen Wörterbuch der Hamm-Heessener Umgangssprache und einer leichtgefaßten Übungsgrammatik der Randzonensprache Ruhrgebiet-Münsterland. Essen: Klartext. [S. 133-210: »Wörterbuch der Hamm-Heessener Umgangssprache«]

Man mag sich an dieser Stelle fragen, ob es nicht Aufgabe der Ruhrgebiets-Universitäten sei, ein wissenschaftliches Wörterbuch zu erstellen. Die Frage ist sicher berechtigt, allerdings ist die Herausgabe eines Wörterbuchs mit das Aufwendigste, was sich eine Institution aufladen kann, Das »Rheinische Wörterbuch«[6], ein Dialektwörterbuch, ist von 1923 bis 1971 entstanden, das »Westfälische Wörterbuch«[7], ebenfalls ein Dialektwörterbuch, harrt noch seiner Vollendung. Bis jetzt sind der »Beiband« (1969) und zahlreiche Lieferungen erschienen.[8] Trotz des vorhersehbaren Aufwands ist an der Ruhr-Universität ein Projekt in Angriff genommen worden, das die Herausgabe eines regionalen Wörterbuchs zum Ziel hat. Es existiert mittlerweile ein ausgefeiltes Konzept für die Gestaltung des Wörterbuchs, darüber hinaus ist eine umfangreiche Materialsammlung angelegt worden, zu der auch eine Fülle von Hörbelegen gehört. Leider ist es trotz mehrfacher Versuche noch nicht gelungen, eine Förderung für dieses Projekt bewilligt zu bekommen.[9]

[1] Heute könnte ich auf den Artikel eines geschätzten Kollegen verweisen, der ist aber erst nach meiner Pensionierung erschienen. Siehe: Hartmann, Dietrich (2010): Wörtersammlungen und ihr Bild vom Ruhrgebiet: Populäre Wörtersammlungen der Regionalsprache Ruhrgebiet im Vergleich. In: Hinrichs, Nicole/Limburg, Anika (Hrsg.): Gedankenstriche – Reflexionen über Sprache als Ressource. Für Wolfgang Boettcher zum 65. Geburtstag. Tübingen: Stauffenburg. S. 46-61.

[2] Claus Sprick hat zusammen mit Reinhard Stratenwerth zwei Asterix-Bände ins Ruhrdeutsche übertragen: »Zoff im Pott« (1998) und »Asterix sein Ulligen« (1999) (beide Bände im Egmont Ehapa Verlag).

[3] Die »Regeln« enthalten zwar eine Fülle von richtigen Beobachtungen, setzen sie aber oft absolut. So heißt es in Regel 18: »Im Prinzip gibt es nur den 1. und den 4. Fall (den Nominativ und Akkusativ).« Oder Regel 19 besagt: »Der 4. Fall (Akkusativ) dient aber im Ruhrgebiet auch als Anrede-Fall (Vokativ) …« Aber in »Asterix sein Ulligen« etwa ist »Ulligen« nicht Akkusativ, sondern Nominativ, allerdings schwach und nicht wie in der Standardsprache stark dekliniert. Auch der Vokativ ist der Form nach ein Nominativ.

[4] Man vergleiche etwa die Angabe zu »Pohlbörger« im Bochumer mit der im Dortmunder Wortschätzchen.

[5] Bei einem Vortrag sagte ich einmal, dass in den Wörterbüchern auch Fehler zu finden seien. Als Beispiel nannte ich *Flitsch* für ›Kino‹ bei Neuhaus, das Wort gebe es nicht. Da scholl mir vielstimmiger Protest entgegen. Natürlich gebe es *Flitsch*, man kenne es seit früher Jugend. Seitdem bin ich mit solchen Äußerungen vorsichtig geworden. Später ist mir dasselbe allerdings noch einmal mit »Polinten« passiert.

[6] Jetzt auch im Internet zugänglich: http://woerterbuchnetz.de/RhWB.

[7] Es erscheint im Wachholtz-Verlag, ist im Internet noch nicht erreichbar.

[8] Umso erstaunlicher sind dann die Leistungen Einzelner, zum Beispiel die von Wilhelm Schleef, der 1967 sein »Dortmunder Wörterbuch« herausbrachte. Dieses plattdeutsche Wörterbuch ist auch online zugänglich: http://www.lwl.org/komuna/pdf/Bd_15.pdf.

[9] Vgl. dazu Hartmann, Dietrich (2001): Das Projekt eines Wörterbuchs der regionalen Umgangssprache im Ruhrgebiet als Regionalwörterbuch. In: Niederdeutsches Wort 41, S. 33-55. Hingewiesen sei noch darauf, dass viele Wörter, die in Wörterbüchern zur Regionalsprache des Rheinlands verzeichnet sind, auch im Ruhrgebiet vorkommen. Das wird dort aber nicht eigens vermerkt. Vergleiche Honnen, Peter (2012): Kappes, Knies & Klüngel. Regionalwörterbuch des Rheinlands. 7., überarb. und erw. Aufl. Köln: Greven sowie Ders. (2009): Alles Kokolores? Wörter und Wortgeschichten aus dem Rheinland. 3. Aufl. Köln: Greven. Ähnliches gilt für das sehr erfolgreiche »Rheinische Mitmachwörterbuch«.

20. Von Hildegard Himmelreich zu Kerstin Kucharczik Oder: Wie »sammelt« man gesprochene Sprache?[1]

Bei den Studierenden des Germanistischen Instituts der Ruhr-Universität sind Hausarbeitsthemen zur Umgangssprache des Ruhrgebiets sehr beliebt. Dasselbe scheint für Themen von Facharbeiten zu gelten, die SchülerInnen in der 12. Klasse anzufertigen haben; jedenfalls bin ich von solchen oft um Rat gefragt worden.

In der ersten Begeisterung nimmt man sich meist viel zu viel vor – und ist dann leider frustriert, wenn sich das Aufnehmen gesprochener Sprache als recht aufwendig erweist. Man kann also nur dazu raten, sich zu bescheiden. Der größte Fehler, den man in der Anfangssituation machen kann, ist aber, einfach mal anzufangen, um dann zu sehen, was man mit dem Material anstellen kann. Auf diese Weise sind schon viele »Datenfriedhöfe« entstanden. Der beste Rat, den man geben kann, ist demnach, sich zu Beginn genau zu überlegen, was man denn untersuchen will, also eine Fragestellung zu entwickeln. Das kann durchaus quälend sein, bringt aber für die Arbeit großen Gewinn.

Bei der Bearbeitung von Hausarbeitsthemen, natürlich auch von Abschlussarbeiten, ist es hilfreich, sich anzusehen, wie andere vorgegangen sind. Deshalb sollen in diesem Kapitel einige Dissertationen und Projekte vorgestellt werden, die auf unterschiedliche Art und Weise die gesprochene Sprache des Ruhrgebiets »gesammelt« haben, wissenschaftlicher ausgedrückt: sprachliche Daten erhoben haben (davon das Substantiv »Sprachdatenerhebung«)

Die Frau, der die Ehre gebührt, als Erste die neu entstandene Umgangssprache des Ruhrgebiets in einer Dissertation untersucht zu haben, hieß wirklich »Himmelreich«. Unter diesem Namen war sie in Gelsenkirchen-Ückendorf geboren und hatte in

Münster studiert. Nach dem Krieg war sie Studienrätin in Bonn, da trug sie aber schon den Namen ihres Mannes: »Kohlen«.

Hildegard Himmelreich war Ende der dreißiger Jahre Mitarbeiterin an der »Forschungsstelle für das Volkstum im Ruhrgebiet«, einer 1935 gegründeten Zweigstelle der »Volkskundlichen Kommission des Provinzialinstituts für westfälische Landes- und Volkskunde«, deren Leiter, der Münsteraner Lehrstuhlinhaber Jost Trier, sich auch mit der Volkskunde, vor allem aber mit der Sprachwissenschaft beschäftigte.[2]

Ob Trier oder der Leiter der Forschungsstelle, Wilhelm Brepohl, oder aber die Doktorandin selbst auf die Idee gekommen ist, ihrer Untersuchung Sprachaufnahmen zugrunde zu legen, ist nicht überliefert. Jedenfalls zog Himmelreich mit vier Mitgliedern des »Stenografenvereins Buer e. V.«, vor allem mit dem Gymnasiasten Heinrich Wessels, dem Gründer und Vorsitzenden des Vereins, 1937 durch Gelsenkirchen und interviewte ausgewählte jüngere und ältere Menschen, Einheimische und Zugezogene; oft ließ sie sie auch einfach erzählen. Die jungen Begleiter stenographierten das Gesagte mit und arbeiteten die Stenogramme anschließend aus. Eine andere Methode stand in den dreißiger Jahren nicht zur Verfügung, wenn man Sprache »vor Ort« aufnehmen wollte. Doch es ist erstaunlich, welche Authentizität die in der Dissertation wiedergegebenen Gespräche suggerieren. Vor allem die jüngeren Leute, die in Teil C des Anhangs auftauchen, sprechen »reines« Ruhrgebietsdeutsch.

Leider ist die Dissertation von Hildegard Himmelreich heute kaum greifbar. Die Doktorandin hatte die Arbeit zwar im September 1939 – allerdings in einer eher vorläufigen Fassung – eingereicht (das Rigorosum fand am 22. Dezember 1939 statt), doch die vorgeschriebenen sechs maschinenschriftlich abgefassten Exemplare konnte sie aus beruflichen Gründen erst 1943 abgeben, und zwar ohne dass sie die dringend notwendige Überarbeitung des Textes von 1939 hätte vornehmen können.[3] Leider bedeutet das, dass die Dissertation heute nicht ohne erheblichen Aufwand neu herausgegeben werden kann; verdient hätte sie es. Zum Glück ist der Anhang mit den Texten sehr sorgfältig erstellt.[4]

Hier ein Ausschnitt aus Text C 1, in dem ein junger Bueraner von einem Ausflug an den Rhein erzählt[5]:

wir sitzen da inne Ecke an son Tisch – der Jupp packt sofort seine Butters aus – ach du Deuwel – wir hatten en schon gesehen – der kam da morgens mit son richtigen Hebammenkoffer an – meint er – meine Stullen mit Arbeitslosenbelag und Jojowurst – unse Moder die hat auch ga:nix mehr für mich übrig – Jupp wat is denn dat sag ich – ach dat kennze nich – kennz denn Fannekuchen mit Dachfenster – nee sag ich dat kenn ich auch nich – Kerl wat is denn dat – sag doch eigentlich[6] *– ja sagt er – Arbeitslosenbelag dat is Margarine und Jojowurst – dat is Rübenkraut – und Fannekuchen mit Dachfenster dat sind Fannekuchen wo Speck drin is – Du kannz Dir ja vorstellen wat dat für Gelächter gab als der uns die Sachen da erklärte – wir haben uns da schimmelig gelacht – aber den Ober den wir da hatten – dat wa: ne dumme Sau – der konnte kein Spass verstehen – der Jupp hat – da wollten wir grade bezahlen – ne falsche Ma:k legt er auf'n Tisch und sagt – Du Ober hör ma: - da krich ich noch wat von wieder – weisse wat unse Moder gesagt hat – Junge Junge bring mir nich die Ma:k in sinnlos angeheitertem Zustand in Begleitung von leichtsinnigen Weibern durch – du wes ja – dat Geld hewwen we nich so bret sidden – der Ober sagt – machen Sie kein Unsinn sons passiert was anderes – ja – anders hab ich kein Geld – wat macht der Jupp – hatt er sonnen neuen Sportanzug an – zieht die Jacke aus und sagt hier Ober has die Jacke – Kerl wat seg nu use Moder wenn ich ohne Jacke nach Haus komm – der Anzug is noch nich bezahlt –*

Es dauerte fast vierzig Jahre, bis die zweite Dissertation zur Ruhrgebietssprache erschien. Wolfgang Steinig hat Schulkinder in Recklinghausen und Dortmund untersucht.[7] Diese mussten in einem ausgeklügelten Experiment Mitschülern und diese dann dem Versuchsleiter den Inhalt eines Films erzählen. Diese Texte waren dann die Grundlage für sprachliche Analysen. Die Arbeit ist heute noch sehr lesenswert. Auch hier ein Beispiel.[8]

Der Schüler B hat von Schüler A den Inhalt des Films erzählt bekommen, jetzt muss er ihn dem Versuchsleiter weitererzählen:

(Was hat der Bernd denn gesagt?)
Da ging so=n Mädchen mit=m Puppenwagen spazier'n – wollte spazieren geh'n – und da kamen da drei Jungens mit=n Hackebeil und Pfeil und Bogen und so – kam'n da angelaufen und wollten die Puppe stehl'n./ wegnehm'n./ und dann hat sich das Mädchen auf ne Bank gesetzt – und dann ham die Jung'n – sind da nachgeschlich'n und ham die Puppe weggenomm'n./ und dann wollte das Mädchen se wiederhaben – und hat=se dann gefunden und dann ham die Jung'n die Puppe hin und her geschmissen./ und – und dann kam so=ne alte Frau, die hat zu den Jungs gesagt: gebt das Mädchen die Puppe wieder./ dann ham die Jung'n das Mädchen die Puppe wiedergegeben – da ist das Mädchen mit=m Puppenwagen nach Hause gegangen – und die Jungs sind auch nach Hause gegangen./

Die von Himmelreich und Steinig gewählten gegensätzlichen Methoden für die Erhebung sprachlicher Daten bestimmen auch den weiteren Gang der sprachwissenschaftlichen Forschung. Der Duisburger Siegfried Jäger gewinnt in dem von ihm geleiteten Projekt »Schichtenspezifischer Sprachgebrauch von Schülern« die Daten experimentell[9], während Beate Scholten und Kerstin Salewski, die beide bei Arend Mihm in Duisburg promoviert haben, sich auf Interviews stützen.[10]

Hier zunächst ein Ausschnitt aus der Erzählung einer Schülerin (M3), die Beate Scholten aufgenommen hat[11]:

(Vl stellt fest, daß M3 schon einen Freund hat und fragt, was ihre Mutter dagegen hat.)
Also, wat weiß ich, wat die sich dadrunter vorstellt. Also ich bin früher auch so also hm nich normal rumgelaufen, also mähr so wie die so so gammelig un so, nä. Un dann hat die dat au irgendwie gemerkt un so, dat ich dann also total gammelig wurde, wat ich vorhär übberhaup nich war. Und die Bettina die war … also die is vorher au nich so rumgelaufen wiese jetz rumläuf. Also die war au immer total schick angezogen und

so. Un da hat also hat meine Mutter gesatt, dä sollte ma kommen. Ja un da hat die den gesehn. Und da hat die direk dä Schock gekricht. Da hattse gesach, datse dat nich will. Ja, dat habbich aber gar nich eingesehn. Bin weiter mit dem gegang. Da wußte die nix von. Ja un dann bin ich jetz bis also bin ich als die mir dat verboten hatte, bin ich zwei Monate mit dem gegang. Die restlichen ach Monate bin ich ohne Erlaubnis mit dem gegang. Also dann war dat immer ein Hin und Här. Un dann mußt ich immer sagen, wo wär weiß wo ich war. Un dann war ich immer bei de Bettina. Un dann war ich nich bei de Bettina un all sowat. Un jetz hattse gesach, wenn ich jetz also en Freund hätte, dat würde ihr nix ausmachen un so, nä. Bloß dat dä eben nich so gammelig rumlaufen sollte. So hat die da nix gegen. Un die hat au nich gedacht, dat ich da wär weiß wat mit dem machen würde. Eben nur, wie där rumgelaufen is.

Der Satz *Un dann war ich immer bei de Bettina* ist ein sehr schönes Beispiel für stilistische Raffinessen der gesprochenen Sprache. Er bedeutet: ›Dann habe ich (meiner Mutter) immer gesagt, ich war bei der Bettina‹, also das genaue Gegenteil dessen, was der Satz zunächst auszusagen scheint.

Bei Kerstin Salewski findet sich dieser Ausschnitt aus der Erzählung eines Bergmanns aus Dortmund-Barop[12]:

Ja, schön war es samstags abends, wenn sie alle gewaschen wurden, gebadet wurden, wa. Ich war der älteste unter sechs Stück. Da war eine lange Bank da, Tisch, dann gab es, erst wurden sie alle gebadet, nich. (…) In, in so eine große Badewanne. (…) Nicht so in die Badewanne wie hier. (…) In so eine Zinkbadewanne. (…) Und das heiße Wasser wurde am Ofen gemacht, nich, dann war ja schön warm in die Bude, ne. Und dann waren wir gebadet, ja. Auf einmal, unser Papa zählt: »Eins, zwei, drei, vier, fünf, da fehlt ja noch einer!« Au, unsere Mama noch mal rum, in die Badewanne geguckt, rumgefummelt, auf einmal hat sie mich vergessen. Ich lag noch in die Badewanne drin. Ich wäre da bald ertrunken. Und da hat sie mich dann da rausgefischt noch, zum Schluß. Ach, und dann hat unser Papa, da saßen wir da alle, neues Hemdchen wieder an, woll, so schön, nich. Aber das war jetzt nicht wahr, das war ein Witz, woll, dass sie mich da gesucht haben. (Lachen).

Alle bisherigen Textbeispiele enthalten Verschriftlichungen, die mit den Mitteln der normalen Schriftsprache arbeiten. Man nennt diese Art »literarische Transkription«, wobei »literarisch« nichts mit Literatur zu tun hat, sondern von lateinisch *littera* (Buchstabe) abgeleitet ist. (Vergleiche dazu auch Kapitel 18.) Diese Transkription stößt natürlich an Grenzen, wenn es um sprachliche Details geht. Mit *so eine* löst Salewski die phonetische Transkription [zɔnə] auf, mit *in die* [ɪnə].[13] Man kann sich beim zweiten Beispiel streiten, ob die Transkription nicht zu »hochsprachlich« ist, ob *inne* statt *in die* nicht angemessener wäre. So hat es den Anschein, dass bei *in die* eine Kasusvertauschung vorliegt. Die phonetische Transkription [ɪnə] zeigt aber, dass das nicht unbedingt der Fall sein muss, die Kontraktion kann sowohl für *in* mit Dativ als auch für *in* mit Akkusativ stehen.

Die bisher vorgestellten Sprachaufnahmen sind im Rahmen von Untersuchungen mit speziellen Fragestellungen erfolgt. Darüber hinaus gibt es auch Projekte, in denen es vor allem um die Aufnahmen selbst ging. 1979 wurde in Bochum unter der Leitung von Siegfried Grosse das Projekt »Gesprochene Sprache im Ruhrgebiet« gestartet. Um zu Sprachaufnahmen zu kommen, die das gesamte Ruhrgebiet repräsentieren, die aber auch miteinander vergleichbar sind, wurde ein Design entwickelt, das das dichte Netz der Kleingärten zu nutzen versucht. Vor allem den beiden sich auf wunderbare Weise ergänzenden Interviewern Udo Thies und Ullrich Spiegelberg ist es zu verdanken, dass Aufnahmen zustande gekommen sind, die das alltägliche Sprachverhalten von Männern zwischen 40 und 60 gut abbilden.[14]

In der Anfangsphase des Projekts ist unendlich viel experimentiert worden. Auch das heimliche Aufnehmen wurde ausprobiert, wobei die ursprünglich beabsichtigte nachträgliche Informierung der Aufgenommenen nicht selten unterblieb. Die Projektmitarbeiter kamen schließlich zu der Entscheidung, dass heimliches Aufnehmen strikt zu unterbleiben habe, weil auch die nachträgliche Informierung die Sache nicht besser mache. Es gibt andere Wege, zu guten Aufnahmen zu kommen, die sind allerdings etwas aufwendiger.

Das »Bochumer Korpus«[15] war lange Zeit nur auf Tonbändern archiviert. Auf Initiative der Bochumer Germanistin Kerstin Kucharczik hin sind alle Aufnahmen nunmehr digitalisiert und stehen interessierten Studierenden und Forschern zur Verfügung. Kerstin Kucharczik hat mittlerweile mit KollegInnen und Studierenden ein Projekt ins Leben gerufen, in dem ähnlich wie Anfang der 80er Jahre Aufnahmen in Kleingartenanlagen geplant sind.[16] Ziel ist, die alten mit den neuen Aufnahmen nach unterschiedlichen Gesichtspunkten zu vergleichen. Wir sind gespannt!

---

[1] In diesem Kapitel soll es vor allem um die Methoden gehen, mit denen man sprachliche Daten erhebt. Ergebnisse der Forschung zur Ruhrgebietssprache finden sich in zwei Sammelbänden: Mihm, Arend (1985) (Hrsg.): Sprache an Rhein und Ruhr. Dialektologische und soziolinguistische Studien zur sprachlichen Situation im Rhein-Ruhr-Gebiet und ihrer Geschichte. Suttgart: Steiner (= ZDL. Beihefte. N.F. Bd. 50.) und Ehlich, Konrad/Elmer, Wilhelm/ Noltenius, Rainer (Hrsg.) (1997): Sprache und Literatur an der Ruhr. Redaktion: Stephan Schlickau. 2., erw. und überarb. Aufl. Essen: Klartext. (= Schriften des Fritz-Hüser-Instituts der Stadt Dortmund. Reihe 2. Bd. 10.)

[2] Auf die ideologische Basis der Forschungsstelle soll hier nicht eingegangen werden. Dazu gibt es mittlerweile sehr gute Untersuchungen. Vgl. z. B. Ditt, Karl (1988): Raum und Volkstum. Die Kulturpolitik des Provinzialverbandes Westfalen. Münster. S. 262-268. Die Dissertation von Himmelreich ist aber weitgehend »ideologiefern«.

[3] Himmelreich, Hildegard (1943): Volkskundliche Beobachtungen an der Umgangssprache in Gelsenkirchen. Diss. (masch.) Münster. [Anhang S. 1-84: Umsetzung stenographischer Aufnahmen von Gesprächen in Gelsenkirchen]

[4] Einige Texte sind bei Hallenberger, Dirk/Volmert, Johannes (1990): »Ruhrdeutsch – dat sacht wat Sache is«. Die Sprache im Ruhrgebiet. Texte und Materialien für den Deutschunterricht der Sekundarstufe I. Paderborn: Schöningh sowie Dies. (1990): »Tuusse ma eem im Kabäusken fitschen …«. Die Sprache im Ruhrgebiet. Texte und Materialien für den Deutschunterricht

der Sekundarstufe II. Paderborn: Schöningh abgedruckt, allerdings ist kein Text aus dem C-Teil dabei.

[5] Himmelreich 1943, Anhang S. 48-60, hier S. 49. Der Doppelpunkt hinter einem A soll die Länge des Vokals anzeigen.

[6] An dieser Stelle hat man den Eindruck, dass bei der Umsetzung des Stenogramms ein Fehler unterlaufen ist. Wahrscheinlich muss es »endlich« heißen.

[7] Steinig, Wolfgang (1976): Soziolekt und soziale Rolle. Untersuchungen zu Bedingungen und Wirkungen von Sprachverhalten unterschiedlicher gesellschaftlicher Gruppen in verschiedenen sozialen Situationen. Düsseldorf: Schwann (= Sprache der Gegenwart. Bd. 40.) [2. Aufl. Hamburg 1986]

[8] Steinig 1976, S. 174.

[9] Jäger, Siegfried u. a. (1978): »Warum weint die Giraffe?« Ergebnisse des Forschungsprojektes ›Schichtenspezifischer Sprachgebrauch von Schülern‹. Kronberg/Ts.: scriptor (= Ergebnisse des Forschungsprojektes »Schichtenspezifischer Sprachgebrauch von Schülern«. Bd. 3/Monographien Linguistik und Kommunikationswissenschaft. Bd. 37.) [S. 561-649: Anhang, 2. Texte]

[10] Scholten, Beate (1988): Standard und städtischer Substandard bei Heranwachsenden im Ruhrgebiet. Tübingen. (= Reihe germanistische Linguistik. Bd. 88.)

[11] Scholten 1988, S. 332 f.

[12] Salewski, Kerstin 1998: Zur Homogenität des Substandards älterer Bergleute im Ruhrgebiet. Stuttgart: Steiner. (= ZDL. Beihefte. H.99.) S. 223f. Die Texte sind auch phonetisch transkribiert.

[13] An der Stelle *Ich lag noch in die Badewanne drin.*

[14] Das Projekt ist detailliert beschrieben von Thies, Udo (1982): Sprachvariation im Ruhrgebiet. Ein Beitrag zur Methodologie stadtsprachlicher Forschung. In: Bausch, Karl-Heinz (Hrsg.) (1982): Mehrsprachigkeit in der Stadtregion. Düsseldorf: Schwann. (= Jahrbuch 1981 des Instituts für deutsche Sprache. Sprache der Gegenwart. Bd. 56.) S. 108-148. sowie Ders. (1985): Die gesprochene Sprache im Ruhrgebiet – Eine »Monovarietät«? Korpus- und Analysebeschreibung des Bochumer Projekts. In: Mihm 1985. S. 107-148. (Vgl. Anm. 1.)

[15] Es heißt jetzt »Korpus der gesprochenen Sprache im Ruhrgebiet« (KgSR).

[16] Siehe: http://www.ruhr-uni-bochum.de/kgsr. Hier findet sich auch eine Aufstellung über ausgewählte Literatur zur Sprache des Ruhrgebiets. Wer sich für avanciertere Formen des Transkribierens, mittlerweile eine Wissenschaft für sich, interessiert, sollte sich über HIAT (Halbinterpretative Arbeitstranskriptionen) und vor allem über GAT 2 (Gesprächsanalytisches Transkriptionssystem) informieren. Das geht sehr komfortabel über: http://www.exmaralda.org/hiat sowie http://agd.ids-mannheim.de/gat.shtml

Brauchen wir einen »Sprachverein Ruhrgebiet« (SVR)?

Ich hoffe, dass in den vorhergehenden Kapiteln deutlich geworden ist, wie facettenreich die Sprachlandschaft Ruhrgebiet ist. Das hat sich bislang allerdings kaum herumgesprochen. Zum Teil liegt das an den hiesigen Universitäten. Abgesehen vom Bochumer Germanistischen Institut (siehe Kapitel 20) kümmert sich heute kaum eine Institution um die Erforschung der Umgangssprache. Dabei hat es an den Universitäten in Dortmund, Essen und vor allem Duisburg vielversprechende Ansätze gegeben.

Etwas eigentümlich stellt sich die Haltung der Landschaftsverbände gegenüber der Sprache des Ruhrgebiets dar. So verdienstvoll die Aktivitäten des LVR-Instituts für Landeskunde und Regionalgeschichte im Bereich der Sprachforschung sind, man hat den Eindruck, dass das Ruhrgebiet, in diesem Fall das westliche Ruhrgebiet, gar nicht als solches wahrgenommen wird. Stattdessen wird die Raumgröße »Niederrhein« lanciert. Jüngstes Beispiel ist eine Veröffentlichung, in deren Titel die Gemeinde Hünxe als »niederrheinisches Dorf« bezeichnet wird.[1] Hünxe liegt im Ruhrgebiet! Im sehr informativen Artikel »Wie spricht Hünxe heute? Zur aktuellen Alltagssprache am nördlichen Niederrhein« von Peter Honnen[2] wird wiederholt auf Parallelen im Wortschatz von Köln und anderen rheinischen Städten und Gebieten hingewiesen, nur einziges Mal aber (bei Entlehnungen aus dem Jiddischen) auf solche im Wortschatz der viel näher gelegenen Städte Bottrop, Oberhausen oder Essen. Kann das Zufall sein? Man möchte dahinter fast eine Strategie vermuten (»Dem Rheinland Profil geben«).

Aus der Perspektive von LWL und LVR sind deren Ruhrgebietsanteile Peripherie. Dem müsste eine eigene Ruhrgebietsperspektive entgegengesetzt werden, die langfristig dazu führen sollte, einen eigenen »Landschaftsverband Ruhrgebiet« zu gründen. Um das zu befördern, vor allem aber um die Sprache des Ruhrgebiets besser bekannt zu machen, könnte man an die Gründung eines Sprachvereins denken. Sprachvereine im Ruhrgebiet, so es sie noch gibt, haben fast nur das alte Platt im Auge. (Vergleiche Kapitel 10.) Es gibt Ausnahmen: In Dortmund hat der überregional bekannte »Verein Deutsche Sprache« seinen Sitz. Er interessiert sich aber nicht für die regionale Variation des Deutschen. Sein Hauptziel scheint zu sein, das Deutsche »rein« und seinen Vorsitzenden im Gespräch zu halten.[3]

Auch die beiden im Ruhrgebiet ansässigen Zweige der »Gesellschaft für deutsche Sprache« (GfdS), die Zweige Dortmund und »Westliches Ruhrgebiet«, zählen die Sprache des Ruhrgebiets (ausweislich der Veranstaltungsliste der GfdS[4]) nicht zu den präferierten Gegenständen. Vielleicht können Sie, geneigter Leser/ geneigte Leserin, den Vorsitzenden, beide renommierte Germanisten, ja entsprechende Programmvorschläge machen.[5]

Die Gründung eines »Sprachvereins Ruhrgebiet« erscheint mir aus mehreren Gründen fast zwingend. Sprachliche Kritik, zum Beispiel am Automatendeutsch der Bogestra (Vergleiche Kapitel 17.), hätte ein ganz anderes Gewicht, wenn sie von dem/der Vorsitzenden eines Vereins mit mehreren tausend Mitgliedern kommt. Ein eigener Verein könnte auch als Antragsteller für die Förderung von Projekten auftreten. Das Weiterleben von montanindustriellen Namen, die Namensänderung von Familiennamen, die Einstellungen gegenüber dem Ruhrdeutschen, ein großes Wörterbuch des regionalen Wortschatzes wären Beispiele für Projekte, die ein großer Verein durchaus stemmen könnte, zumal er ja die Kooperation mit universitären und außeruniversitären Institutionen anstreben würde. Aber auch unterhalb dieser Ebene warten vielfältige Aufgaben. Viele Lehrerinnen und Lehrer wissen über die Eigenarten, ja Qualitäten des Ruhrdeutschen gar nicht so richtig Bescheid (siehe Kapitel 15). Man könnte Broschüren mit kurzgefassten Informationen erstellen, Vorträge anbieten oder sogar Fortbildungsveranstaltungen organisieren. Vielleicht entdeckt mancher Lehrer/manche Lehrerin dabei ja sein/ihr Faible für die gesprochene Sprache und wird selbst Sprachforscher/in – und animiert die Schülerinnen und Schüler dazu, es auch zu werden!

Ich selbst träume davon, dass ein solcher Verein irgendwo in der Mitte des Ruhrgebiets einen Raum anmietet und dort ein Vortragszentrum und vor allem eine kleine Bibliothek einrichtet. Das könnte mitten in einer Ruhrgebietsstadt sein, es könnte aber auch in der Mitte des Ruhrgebiets sein, also in der Zeche Ewald in Herten (siehe Kapitel 6). Für diese Bibliothek würde ich alle meine Bücher und Materialien zur Sprache des Ruhrgebiets zur Verfügung stellen. Das wäre schon ein ganz passabler Grundstock.

Resümee: Es gäbe viel zu tun. Gründen wir einen Verein!

---

[1] Cornelissen, Georg/Hänel, Dagmar (Hrsg.) (2013): Leben im niederrheinischen Dorf. Das Beispiel Hünxe. Köln: Greven.

[2] Ebda. S. 107-121 und 154.

[3] Informationen zu diesem Verein finden sich unter http://de.wikipedia.org/wiki/Verein_Deutsche_Sprache.

[4] Siehe http://www.gfds.de/veranstaltungen.

[5] Das sind Prof. Dr. Ulrich Ammon von der Universität Duisburg-Essen und Dr. Michael Beißwenger von der Technischen Universität Dortmund.

Abbildungsnachweise:

S. 8f.: http://commons.wikimedia.org/wiki/File:Ruhr_area-administration.png
http://www.drehscheibe-foren.de/foren/read.php?17,4741559) (nach: http://upload.wikimedia.org/wikipedia/commons/d/db/Western_Germany_1923_de.png)
http://www.axelspringer-mediapilot.de/artikel/BILD-RUHRGEBIET-Reichweite-BILD-RUHRGEBIET_718428.html
http://www.72stunden.de/ueber-uns/dv/essen/ko-kreise.html (nach: http://www.bistum-essen.de/fileadmin/bereiche/za-kom/Karte-Bistum-Essen-10-11-2009.pdf)
S. 25, 31 und 37: Geogen Onlinedienst (http://christoph.stoepel.net/geogen/v3)
S. 43: Foto Michael Hüter; S. 46: Fotos von Werner Boschmann
S. 48, 53, 69 und 81: Elspaß, Stephan/Robert Möller: Atlas zur deutschen Alltagssprache (AdA) (http://www.atlas-alltagssprache.de)
S. 59: Rheinische Vierteljahrsblätter 65, 2003; S.63: http://www.lwl.org/LWL/Kultur/Westfalen_Regional/Gebiet_Identitaet/Identitaet/Mundarten